中国式
沟通艺术

刘慧滢 \ 编著

华龄出版社
HUALING PRESS

图书在版编目（CIP）数据

中国式沟通艺术 / 刘慧滢编著 . -- 北京：华龄出版社，2021.12
ISBN 978-7-5169-2131-9

Ⅰ. ①中… Ⅱ. ①刘… Ⅲ. ①心理交往—语言艺术—中国 Ⅳ. ① C912.13

中国版本图书馆 CIP 数据核字 (2021) 第 259784 号

策划编辑 刘天然　　责任印制 李未圻
责任编辑 郑 雍　　封面设计 韩海静

书　名	中国式沟通艺术	作　者	刘慧滢
出　版 发　行	华龄出版社 HUALING PRESS		
社　址	北京市东城区安定门外大街甲 57 号	邮　编	100011
发　行	（010）58122255	传　真	（010）84049572
承　印	天津海德伟业印务有限公司		
版　次	2022 年 1 月第 1 版	印　次	2022 年 1 月第 1 次印刷
规　格	640 mm x 910 mm	开　本	1/16
印　张	13	字　数	150 千字
书　号	ISBN 978-7-5169-2131-9		
定　价	49.00 元		

前言

无论是在工作还是生活中，人际交往随处可见，通过语言进行沟通，则是人际交往的重要组成部分。但俗话说得好："好人出在嘴上，好马出在腿上。"很多人只能算"能说话"，谈不上"会说话"，更谈不上沟通能力。

美国石油大王洛克菲勒也说过："假如人际沟通能力也是同糖或者咖啡一样的商品的话，我愿意付出比太阳底下任何东西都珍贵的价格来购买这种能力。"沟通是一种技巧，更是一门艺术，良好的沟通能力是很多精英人士和商务人士必备的技能。

当你有求于人，当你需要说服对方，当你想走进一个人的心里，当你想拒绝别人，当你陷入僵局……这些场合下，都需要沟通。是否具备足够的沟通能力，很多时候直接决定着事情的成败。

语言的魅力是巨大的，但这种魅力需要人们通过适当的说话方式表达出来。恰到好处的几句话，往往会帮助你打开局面，为你的事业增添色彩。在中国社会中，良好的沟通能力更为关键。因为中国文化博大精深，中文语义又十分丰富，语言的表达方式也多种多样，加之中国社会重情义、重教养、重礼节，把话说好，把事情沟通好，才能给别人留下好印象，从而使自己的社会关系更融洽，也更强大。

其实很多人都知道沟通的重要性，但现实中，越来越多的人或多或少患上了“社交恐惧症”，试图逃避与人交往。然而，人是社会的动物，一味逃避，能逃到哪里？与其如此，不如直面生活，自信从容地面对社会交往。

想实现高效沟通，就需要学习一些必要的方法。

这本书不仅介绍了一些沟通知识与沟通习惯，还将沟通分为几种不同的类型，让你在赞美、拒绝、说服、谈判以及商务应酬时皆有章可循。书中还穿插了大量的典型沟通实例，将深刻的道理在简单的故事中体现出来，读起来生动有趣又便于理解。当你学会了这些方法，就能够快速驾驭沟通术，轻松收获好人缘。不如试着把它们运用到你的生活中，在沟通实践中加深对理论的理解，相信要不了多久，你就可以掌握中国式沟通艺术，成为懂沟通并且能够高效沟通的精英，为自己的人生增光添彩。

目录

第四章 赞美的力量：迅速拉近人际关系

第五章 拒绝的艺术：既不伤自己又不伤和气

第六章 魔鬼说服力：让人生赢在开口

第九章 全面沟通：跟谁都能聊得来

绪 论

社交时代，要颜值更要“言值”

沟通力是一切成功的基石

生活在都市里的人们，每个人都有一种疏离感，因为我们在心理上筑了一堵墙，互相隔离，自我保障。因此，我们常常苦于人际关系的紧张与无奈，会产生一种莫名的烦恼，一些不必要的猜测、想象常常会破坏我们的情绪。

事实上，我们的生活就是少了沟通与交流。人与人是不同的，当然每个人的想法也不会一样，如果你不与对方沟通交流，你怎么能知道对方想的是什么？

我们常常会按照自己的想法和思维去做事，或是去改变某些事，如果你的想法正好符合对方的心意，那么对方会感激你、欣赏你……如果你违背了对方的心意，那么矛盾就会产生。如果再不进行一次很好的沟通与交流，各自抱着自己的观点和想法想象对方、揣测对方，气愤的情绪自然会产生，矛盾的导火线也就会在不经意间被点燃。

当我们和领导有分歧时，当我们和同事有矛盾时，当我们和下级配合不默契时，当我们与客户不能达成共识时，请问：到底哪里出了问题？一切问题都是沟通出了问题！

职场是实现人生理想的重要平台和人生舞台。谁都想在职场中顺风顺水，走向成功，超越自己并完成人生使命。而这一切都离不开沟通。

钱勇大学毕业后进了一个机关单位。由于机关的办公条件很好，从处长到普通科员，每个人都有自己的单间办公室。也许正是这个原因，平时大家都习惯关起门来工作，相互之间的交流很少。

刚刚走出校门的钱勇原本在大学里是有名的活跃分子，平时总是喜欢和朋友们闹在一起，让他一个人关起门来工作，真是一件痛苦的事情！他希望能和同事们有更多的交流。

于是，每天一到单位，钱勇遇到同事都主动微笑着打招呼，进了办公室就把门开得大大的，不像别的同事关起门来工作。钱勇利用午休的时候，主动找大家聊天。双休日的时候，他还邀请同事去泡茶吧、打桌球。

有一天，一位女同事跑进钱勇的办公室，说有批新到的书需要搬上楼来，想请他帮忙。钱勇二话没说，立即跟她下楼，很快将几大捆书一一搬上楼来。

慢慢地，钱勇发现走进自己办公室的同事逐渐多了起来。

当然，他们并不是来串门聊天，而是有工作需要配合，这对他来说正是求之不得的。作为刚进单位的新人，钱勇最怕的是无所事事，只要能和大家多交流，关系更加融洽，多出力钱勇也心甘情愿。不久，钱勇和同事们都混熟了。大家有什么事情需要帮忙总会来找他。钱勇感觉自己在单位里已经不是可有可无的人了。

一天，处长手里拿着一沓稿纸，急急忙忙地从钱勇的办公室前走过，看到门开着，他突然又退了回来，对他说：“那个，你……”

处长显然对他还不太熟悉。钱勇赶紧站起身来，说：“处长，我叫钱勇，是刚刚进单位的。您有什么吩咐？”

“哦，小钱，”处长看了钱勇一眼，问，“你打字快吗？我这里有一份材料，下午开会就要用的，得马上打印出来。”

“没问题，处长，我一会儿就能打好。”钱勇胸有成竹地说。

一个小时后，钱勇把那份十几页的材料打印并装订整齐，送到了处长办公室。处长接过材料，满意地点了点头。

从此以后，除了同事们经常会找钱勇帮忙，处长也经常会直接指派他工作。渐渐地，钱勇成了单位的忙人，大事小事，不用谁指派，都会自然而然地落到他的头上。

后来，那年年底处里决定提拔一名科长，民主推荐时，工作才一年的钱勇被大家一致提名。

其实人都是需要沟通的，钱勇真诚地和同事们交往，把自己

的喜怒哀乐与他们分享，也得到了他们的回应。只要敞开自己的心门，成功就会悄悄地来到你身边。

沟通是社交成功的第一工具，它直接决定了我们的个人魅力和个人发展。能够与周围人进行充分交流并使他们理解自己的意思，这就是具有沟通能力的表现。往往事情越糟糕时，人们越需要加强与他人之间的交流和沟通。

但是，沟通要因人而异，不可千篇一律。在沟通中要善于掌握主动权，做到有的放矢。知己知彼，百战不殆。因此，沟通的过程中还要做一个积极的听众。

事实上只有少数人掌握了听的艺术。集中精力听讲话的人在说什么，不要有任何的分心。开放地去接受别人的意见。如果你不同意他的观点也不要直接明显地表态，你可以这样说："我不知道是否已经完全弄懂了你的意思，你是说……"

也许我们经常会对别人的话习惯性地加以反驳。其实温和的反驳要比情绪化的反驳更有利于沟通。与人沟通时，可以先与对方通过聊天建立友情，了解对方的思想与思维，尽量与对方产生共鸣。当发现沟通对象的一些观点有误时，不要直接指出，而要用合适的语言，引导对方，使他最终接受你的建议。

沟通能力是一切成功的基石，个人如此，团队也是如此。有效的沟通是关系到个人生活和职业成功与否的关键因素。你需要以既能令其他人明白你的观点，又不会冒犯他人的方式表达出你的意思。无论你是在进行一对一的会面以提供反馈意见，还是进行一个集体讨论会议，你要传达的信息都需要清楚、简明并具有说服力。

话说对了，事就成了

有了正确的目标、端正的态度，要取得社交的成功，还要讲究一些方法，良好的方法是达到目标的保证。影响社交的因素有很多，其中很重要的一点，就是一个人的口才。

所谓口才，就是口语表达的才能，即善于用口语准确、贴切、生动地表达自己思想感情的一种能力。随着社会交往逐渐频繁，人们越来越重视“舌头”的功夫了。有的人讲话透露出真知灼见，给人以深邃、精辟、睿智、风趣之感，他们理所当然成了社交场上的佼佼者。凡是善于说话，利用其美妙的言辞引起他人的注意，使他人为之倾倒、乐于亲近的人，在社交中都游刃有余。

善于说话的人，不但能给不相识的人留下良好的印象，而且能多交朋友。他能广结人缘，到处受人欢迎；他可以进入高层次的交际圈，即使他自己的地位并不高。

平日的聊天是没有明确目的的即兴交谈，因此有人认为，聊天不影响交际。但是，聪明的人往往会利用聊天的机会认识朋友、拉近关系、增进友谊，获得许多新的信息，扩大人脉。聊天还可以调节心理状态、愉悦心情，使你的郁闷在聊天中烟消云散。你也可以通过聊天安慰别人、鼓励朋友、解决矛盾、加深了解。聊天深刻的交际内涵在聪明人眼里是宝藏，在不识货的人眼里是稻草。

对于如何利用聊天聊出名堂来，善于言谈的人有他们自己独到的方式方法。闲聊未必就“闲”，擅长说话的人能从“闲”聊中聊出感情来，达到一定的目的。在这个过程中，他们可以掌握闲聊的方式和话题，把它变成有具体目的的语言交流。会说话的人总是有目的地选择话题。尽管聊天的范围不受限制，但是庸俗低级、无意义的话题他们一般都不谈，搬弄是非、贬抑他人的话题更是要回避，对方的忌讳和缺点从不提及。他们从不选择有挑战性的话题，因为他们知道这样的话题容易引起争论，弄得大家不欢而散；他们也不会自以为是，以教训的口吻与人说话，不随便炫耀，引起别人的反感；与别人在一起聊天，他们绝不会独占鳌头，而总是使大家都有发言机会。

可见，并不一定是在正式场合才算社交，像聊天这种轻松随意的交流也算是社交，一个善于言谈的人总是能在这看似平淡的聊天中获得人际关系带来的很多益处，几句简单的合适的话，也可以为要做成的事情带来事半功倍的效果。

社交成功的人往往离不开他一张“利口”，而要说到社交口才，不得不提风趣的谈吐。幽默的语言能帮助我们更轻松地与他人沟通，还能帮助我们处理人际关系问题，顺利渡过困难的处境。

幽默能够帮助我们在社会交往中与人建立一种和谐关系。当我们希望成为能克服障碍、具有乐观态度、赢得别人喜爱和信任的人时，它就能帮助我们达到目的。

在社交场合，当你看穿他人的想法时，不妨神态自若，然后轻松地发挥幽默的力量。

一次，国内某家知名企业的董事长出席一个政府举办的仪式。在他身后不远的地方有几个人窃窃私语：“你看，那不是××公司的老总吗？”“大家说他现在身体状况不太好。”“是呀，我听人说他马上要把位子让给精力更充沛、更有能力的人了。”当这个仪式结束的时候，这位董事长转过头来，对这几个人煞有介事地说：“先生们，我还听说他的耳朵也不太好使了。”

如果我们想在社交生活中给人一个良好的印象，就得运用幽默的力量。无论是做客或是待客，我们都要尽力以此待人。一个面带怒容或神情抑郁的人，不会比一个面露微笑、看来健康快乐的人更受欢迎。纽约一家著名时装公司的董事长史度兹曾经说：“客人所能发出的最美妙的声音就是笑声。”

掌握沟通技巧，让你魅力倍增

每个人都希望自己有影响力，因为影响力体现了出色的个人能力和综合素质，是一个人在群体中价值的集中表现。尤其对于管理阶层的人来说，可以用语言来提升自己在组织和社会中的个人影响力，可以成为他们有效发挥领导力和塑造公众形象的主要因素，良好的语言能力，能够使他们在他人眼里魅力倍增。

所谓语言的影响力，就是在和他人打交道的过程中，能够有效影响和改变交谈对象的心理和行为，使其接受自己观点的能力。要想充分发挥语言的魅力，就要正确认识自己的角色，使用符合自己身份的语言来实现对谈话对象的影响。

20世纪80年代，国外一家工业企业来我国考察。考察结束后，这些外国人用剩下的几天时间观光购物。考察团在一家商场购物后乘坐公交车回宾馆。在公交车上，他们和一群年轻人发生了矛盾。

两拨人虽然语言不通，但情绪都很激动。就在他们互相闹得不可开交时，一位老人走到那群年轻人面前，用很严厉的语气训斥了几句。没想到那几句简单的训斥相当有效，那些年轻人立刻就安静了。考察团十分感谢这位老人。让他们不解的是，一位普通的老人怎么就能三言两语地将一群情绪激动的年轻人训斥得服服帖帖？难道他的话中藏有玄机？

这时，翻译人员为考察团揭了秘。其实，那位老人只是说了这样一番话："人家是客人，我们作为主人怎么可以这样无理！你们赶紧给我安安静静地坐好，不许造次！"

听了翻译人员的话，考察团更迷惑了：这三句话有什么不寻常的吗？确实没有什么不寻常，只是老人教训年轻人的语气十分严厉且底气十足。尊敬老人是中华民族的传统美德，所以老人靠着年龄赋予自己的社会地位，再加上和身份、环境相符的语言，才能声色俱厉地训斥一群素不相识的年轻人，使他们安静下来。试想一下，如果当时老者和颜悦色地说教，恐怕效果就会差很多。

这种强迫式语言的影响力，能起到立竿见影的效果，但还不足以让听话人完全接受。如果我们能通过提高语言表达来加强自身的影响力，让说话更具魅力，使听者心悦诚服地认可并接受自己，将给人际关系带来意想不到的效果。

一个人说话是否具有魅力，直接影响到他是否对对方具有吸引力，不仅关系到他是否具有良好的人际关系，还影响到他在与别人说话时能否表现出自信，能否具有自如说话的勇气。所以，我们在训练自己说话的自信心时，要注意增强说话的魅力。

一个人的影响力从何而来？当然是通过其言谈举止以及相伴随的神情态度表现出来的。在待人接物时，可以尝试利用以下几个有效的沟通技巧：

1. 善于运用身体语言

在与人交往中，我们必须将自己的身体看作信息的载体，你的一举一动都是在表达你的观点。假如善于运用你的身体语言，他人将乐于接纳你，并与你合作。外表、情绪、言辞语调、眼神、姿态以及捕捉他人兴趣的能力，这些都是在与人交往时你能运用的东西，正是它们形成了他人对你的印象。

2. 做到表里如一

我们应该始终如一地展示自己最好的一面，最有影响力的人不会因为场合变化而改变他们的个性。不论是私人交谈、发表公众演说，还是参加求职面试，他们都一以贯之，毫无矫揉造作之态，处处显露他们真实的面目。他们用自己的全部身心与人交谈，他们的音调与姿态也总能与口中的表白和谐一致，一切都显得那么亲切自然。

然而，某些面向公众演说的人，却向听众发出令人迷惑的信息。比如，当一个人说“女士们、先生们，我很高兴有机会……”时，眼睛却盯着听众的鞋子，其实这表明他一点儿兴趣都没有，这样的演讲怎么会有感染力和鼓动力？

3. 善用眼神

无论对象是一个人还是一百个人，必须记住，和他们说话时一定要看着对方。有些人起初说话还看着听众，可没说几句就转移视线，眼瞧窗外，令人觉得别扭。

当你迈进一个有人的房间，你的目光应该随意自在，直接注视房子里的人，并向所有的人示以微笑，这表示你轻松自如，易于接近、交往。

微笑是重要的，但假笑却和不看着人说话一样令人不快。最佳的笑应该是自然的、轻松的，使人有如沐春风之感。

4. 集中精力

集中精力和充满热情会给人留下深刻的印象，集中精力与人交往能够表明你的真诚，当你全神贯注地对人们讲话时，表明你相信自己所说的话，一个运用自己全部力量来与人交往的人宛如一个巨大的磁场，会将他人牢牢吸引住。人们可以不同意你的观点，却无法怀疑你的信念和真诚。

5. 先听后说

当你出席一次会议、一场晚会或与人谈话时，不要迫不及待地亮出自己的观点，等一分钟，感受一下现场的氛围，了解人们当时的情绪，是激昂、愉快、观望，还是消沉，他们渴望了解你吗？对你的到来是否不悦？倘若你能感受到这一切，你便能更好地去接受他们，不会做出不合时宜的举动。

6. 言辞肯定

我们常常看到一些人开始时慷慨激昂，随后就音调渐低、含糊其词。要知道，没有人愿意相信一个飘忽不定的人。你的声音可以是柔和的、谨慎的，但言辞不能是模棱两可的。

另外，一个人说话的内容，说话时遣词造句与构思的材料、手段，说话的语气、语调，以及说话时的身姿、手势、表情等，都可以折射出他是否有魅力，因此我们应该特别注意沟通时处处显露出的小细节。

感情都是“谈”出来的

生活是复杂的，是个浓缩了酸、甜、苦、辣、咸的“五味瓶”。千姿百态的生活场景摆在我们面前，我们如何对待呢？不但要在态度上迎合，在思想上关注，更重要的是在语言上尽力美化，用话语传递美好的生活。

西汉才女卓文君巧用数字劝郎君的故事堪称佳话。

卓文君是西汉的著名才女，为了神圣的爱情，她不顾众人非议，和司马相如私订终身。开始时，小两口相敬如宾，恩恩爱爱，小日子过得和和美美。

但后来，司马相如出仕做官，对卓文君的情分就逐渐淡化了。卓文君从司马相如写给自己的一封竟然只有“一二三四五六七八九十百千万”13个字的信件中看出司马相如对自己变了心，她担心相如移情别恋，于是将相如写给自己的13个字融进感情，写了一封情真意切、充满哀怨的劝郎信：

“一别之后，两地相思。虽说三四月，谁知是五六年，七弦琴无心弹，八行书无可传，九连环从中折断，十里长亭望眼欲穿。百思想，千系念，万般无奈把郎怨。万语千言说不完，百无聊赖十依栏。重九登高看孤雁，八月中秋月圆人不圆，七月半秉烛烧香问苍天，六月伏天人人摇扇我心寒。五月石榴红如火，偏遇阵阵冷雨浇花瓣。四月枇杷未黄，我欲对镜心意乱。急匆匆，三月桃花随水流。飘零零，二月风筝线儿断，噫，郎啊郎，巴不得下世你做女来我为男。”

司马相如看到妻子如泣如诉的信后，为妻子的深情所感动，后悔不已，最后与卓文君恩爱如初，直到白头。

爱情是夫妻感情的基础，充满爱意的话语是夫妻关系得以长期维护的保障，它能够使真爱之心得以发挥，让感情峰回路转，使夫妻生活更加幸福、圆满。

在感情世界里，语言是心灵的钥匙，好的感情一定包含了说话的艺术，会说话才能让爱情固若金汤，让生活尽善尽美。

会说话的人，都有“开挂”的人生

我们在办公室这个有限的空间中，做得最多的事情就是与人交流，要是能掌握一些谈话技巧，就可以使自己在芸芸众生中脱颖而出，可以得到老板的赏识，同时和同事的相处也会变得融洽，更能拥有“开挂”的人生。

腰杆子一向颇直的刘墉不仅能力强、有原则，更重要的是很机灵，让乾隆皇帝不宠爱他都不行。

有一回宰相刘墉陪乾隆皇帝聊天，乾隆很感慨地说：“唉！时光过得真快，就快成了老人家喽！”

刘墉看看皇帝一脸的感伤，于是说：“皇上您还年轻哩！”

“我今年45岁，属马的，不年轻啦！”乾隆摇摇头，接着看了一眼刘墉问：“你今年多大岁数啦？”

刘墉毕恭毕敬地回答：“回皇上，我今年45岁，是属驴的。”

乾隆听了觉得很奇怪，于是就问：“我45岁属马，你45岁怎么会属驴呢？”

“回皇上，皇上属了马，为臣怎敢也属马呢？只好属驴喽！”刘墉似笑非笑地回答。

“好个伶牙俐齿的刘罗锅！”皇上拊掌大笑，一脸的阴霾尽失。

很多人都有这种经验，在一个公司待上一段时间，就会发现公司里升迁很快的往往不是那些一言不发，只懂得埋头苦干的人，相反，那种技术能力稍差但是说话能力很强的人通常会受到老板的特别优待，有的甚至能连升三级。

虽然优秀的工作能力在职场上不容忽视，但适当的说话技巧却能让人更有可能在职场里出类拔萃。正因为意识到这一点，越来越多的人开始重点关注谈话技巧的功用，这些技巧不但能帮你化危机为转机，更可以让你成为上司眼中的得力助手。

职场中有这样一种说法，“人在职场必备5个‘C’”。所谓的5个“C”是指Communication（沟通）、Confidence（信心）、

Competence（能力）、Creation（创造）、Cooperation（合作），而Communication（沟通）名列其首。在工作中掌握交流与交谈的技巧是至关重要的。我们不仅要确定对方了解了我们的意图，更重要的是让彼此在同一个观点、同一件事情上可以取得共识。这其中的沟通，仰赖的就是个人沟通的技巧。因此，如何有效地沟通、表达自己的理想与见解是一个很大的学问，是决定我们在职场中能否成功的重点。

有的人很会向上司提意见，不仅不会使上司讨厌他，而且提好建议更会让上司喜欢他。

在一家电子公司的项目讨论会上，公司总经理拿出一个新设计的商标征求大家的意见。

经理说："这个商标的主题是旭日东升，由一轮红日和一抹云彩构成，代表着朝气、活力和希望，寓意非常好，与我们产品调性也很符合。"

运营部经理和广告部经理都极力赞美总经理的构想，但新来的销售部主任却说："我不同意这个商标。"经理听了感到很吃惊，全室的人都瞪大眼睛盯住他。

年轻的销售部主任没有同经理争论这个带红圈的设计是否雅观，而是说："我恐怕它太好了。"

经理感到纳闷，脸上却带着笑说："你的话叫我难以理解，说来听听。"

"您有没有觉得，这个设计与日本国旗很相似呢？日本人看了肯定会喜欢。然而，我们的营收主要还是来源于国内市场，如果大家也将这个商标同日本国旗联想到一起，会不会影响他们购买我们产品的意向，这与本公司要扩大营业计划相抵触，显然是顾此失彼了。”

“好啊！你的话很有远见！”总经理叫了起来。

面对权威人士提出自己的想法，这位年轻的主任不仅有充分的理由，而且还注意了技巧。销售部主任用一句“我恐怕它太好了”先抚平了经理的不快，使他不失体面。然后他以充分的理由，提出反对经理的意见，经理也就不会感到下不了台了。同时他的真知灼见也引起了经理对他的注意。

聪明人在处理同领导的关系时能够投其所好，拣领导爱听的话说，又能让领导心里舒服，这就是说话艺术。

不过，沟通也要讲究技巧，只图效果，搞得太露，让人感到肉麻，最后弄不好适得其反，让人产生反感。如果是这样，还不如不说的好。

五代后周王仁裕《开元天宝遗事》中说，杨光远是个急功近利的人，巴结上司，出入达官显贵的家。遇到了他巴结奉承的对象，即使这个人的诗写得一般，他也会说：“实在了不起！这样的好诗哪怕是李白、杜甫也写不出来。”对方喝醉酒，无论怎样责骂他，他不仅不会生气，而且还赔笑脸。

有一次，上司喝酒喝醉了，拿着鞭子说：“想要打你，怎么样？”

杨光远却说：“只要是阁下的鞭子，自当乐意接受。”说着他转过身子，把背部向着上司。

上司真的打了起来，可是杨光远一点儿也不生气，依旧和颜悦色，还始终说着客套话。

同席的朋友们实在看不过去，就问他："你不懂得耻辱吗？"

杨光远毫不隐讳地说："我只懂结交他有益无害。"

世人称他是"面皮厚如铁甲"，这便是"铁面皮"一词的由来。

总之，如果单靠熟练的技能和辛勤的工作就能在职场上出人头地、扶摇直上，那是一种能力。当然，才干加上超时加班固然很重要，但懂得在关键时刻说适当的话，那也是成功的重要因素。卓越的说话技巧，不仅能让你的工作生涯倍加轻松，更能让你名利双收。多加强自己口才的训练，并在适当时刻派上用场，加薪与升职必然离你不远。

第一章

聪明人的七个沟通习惯

同理心：学会想“如果我是他”

一对父子想把一头在牧场上撒欢奔跑的小牛犊赶回牛栏。父亲在后面使劲儿推，他的儿子在前面用力拉，但是小牛犊就是不愿跨进牛栏。它倔强地低着头，死死地抵住地面，不按父子俩的意愿行动。儿子的母亲看到了，把沾有盐味的手靠近小牛犊的嘴。小牛犊便一边吮吸她的手，一边甩着尾巴跟着她进了牛栏。

许多人喜欢以自己的价值尺度去衡量他人的生活方式，结果常常感到困惑：自己认为好的，对方不一定认为好；明明为对方付出了很多，但对方却认为这些付出没有意义……

如果只是从自己的角度来看问题，纵然出发点是好的，有时也难以被对方接受，最终的结果可能适得其反。多数人际冲突的发生，都是由于一方过分强调自己的立场，而不能从对方的角度来理解问题。

所以，在人际交往的过程中，要达成良好的人际沟通效果，寻求他人的支持与合作，营造利人利己的双赢局面，就必须学会换位思考——凡事要从对方的立场去想想："如果我是他……"

李想第一次来北京，他下飞机后叫了一辆网约车。当这辆车出现在他面前时，他看到车子干干净净、明亮照人。然后，他看到了司机，小伙子穿戴整齐，白衬衫、黑长裤、黑皮鞋，扎着漂亮的领带，容光焕发，彬彬有礼。司机走下车，打开后座车门，用手挡住车门上框，请李想上车。等李想坐稳后，他恭敬地递给李想一张名片，说："我叫彭畅，很高兴为你服务。名片上写有我的服务宗旨，在我为你把行李放进后备厢时，你可以看一看。"名片背面写着："彭畅的服务宗旨：用最快的速度，走最经济的路线，在一路友好的氛围中平安将顾客送至目的地。"

李想暗自感叹，当他看到车里面和车表面一样一尘不染时，对这个司机更是刮目相看。彭畅上了车，在方向盘前坐下，问："要喝一杯咖啡吗？车载冷暖冰箱里有热咖啡。"李想没有想到他服务如此周到，于是开玩笑地说："咖啡就算了，不过如果有饮料的话，不妨来一杯。"谁知，彭畅立即笑着回答道："好呀，我这里还有可乐、矿泉水和橘子汁。"李想惊讶得说话都有点结巴了："那就、就、就来一杯可乐吧。"把可乐递给李想后，彭畅又说："如果你想阅读的话，这里有《中国国家地理》《读者》《幼儿画报》和《汽车之友》。”车子启动后，彭畅又递给李想一张纸，“这是电台的节目表，如果你想听哪一个频道，告诉我一声。”

他又补充说：“车上的空调温度可以按照你的要求进行调节。”然后，他提出了这个时段抵达目的地的最佳路线，请李想定夺。他还告诉李想，他可以介绍沿途的景色，也可以保持安静不说话，但这全凭李想的选择。李想问：“你是不是总是这样服务你的顾客？”彭畅笑着看了一眼后视镜说：“我只是近两年才这样做的。在此之前，我已经开了五年车，和很多出租车司机一样，也经常牢骚满腹、怨天尤人。但有一天，我读到了一本书。书中说，如果你早晨起床，心中担心这一天会是糟糕的一天，结果多半就会如此。作者建议我们：‘不要抱怨自己运气不好，绝大部分的机会都是你自己争取来的。与其把精力花在抱怨和发牢骚上，还不如把心思花在工作上，只要认真去做，就能在竞争中脱颖而出！’”

“这本书给了我很大的触动，我觉得作者好像就是为我这样的人而写的。我不能再像鸭子一样呱呱抱怨了，我要改变我的生活态度，像雄鹰一样高高地在蓝天上飞翔。我认真地观察了那些喜欢抱怨的出租车司机，他们的车子大多很脏，服务态度大多不很友好，顾客不满意。我决定改变，多为顾客着想，竭诚为他们服务。”“我想你会得到回报的。”李想说。“是的，”彭畅自豪地答道，“第一年我的收入就翻了一番。今年，将会增加得更多。今天，你很幸运，坐上了我的车，因为我现在一般不会空车，我的活儿不断，用过我的车的顾客，下次用车还会想到我，他们给我打电话或发短信预约。我不方便时，会推荐那些服务同样周到的司机，从中收取一定的中介费。”

如此站在顾客的角度周全考虑，怎么会得不到顾客的好感呢？怎么会得不到理解和赞同呢？怎么可能不让自己的收入倍增呢？

换位思考，不仅能够让我们得到别人的理解和支持，也有助于我们更好地了解别人。一旦找到那个潜在的理由，同时也就找到了顺利解决问题的钥匙。

六一儿童节来到了，一位母亲带着5岁的儿子去买礼物。大街上播放着欢快的童谣，柜台上摆放着男孩子们喜爱的手工模型，商店里五光十色的潮流玩具应有尽有。

“一个5岁的男孩将会以多么兴奋的目光观赏这绚丽的世界啊！”母亲对此毫不怀疑。然而，她没有想到，儿子却紧拽着她的衣角，呜呜地哭出声来。

“怎么了？今天是你的节日啊，怎么好端端地哭个没完呢？”显然母亲十分不理解儿子的行为。

“我，我的鞋带松了……”儿子怯怯地回答。

母亲不得不在人行道上蹲下身来，为儿子系好鞋带。当母亲无意中抬起头，啊，怎么会什么都没有？没有绚丽的彩灯，没有潮玩手工，没有可爱的玩偶……那些东西都放得太高了，孩子在这个角度什么也看不见。出现在孩子眼里的，只有粗大的脚印和女人们的裙摆，在那里互相摩擦碰撞……对一个孩子而言，真是恐怖的情景！

这是母亲第一次以5岁儿子的高度看世界。她感到震惊，立即把儿子抱起来，儿子开心地笑了起来："妈妈，商场里真的好漂亮啊！"从此，母亲发誓，再也不把自己理解的"快乐"强加给儿子。"站在孩子的立场上"——母亲以亲身体验认识到了这一道理。

换位思考是与人相处的重要技巧，也就是将自己置于对方的立场，去体会对方的内心感受，了解对方的确切需求，从而在彼此的心灵间架起一座畅通无阻的沟通桥梁。当你站在对方立场上的时候，自然也会以对手的目光观察自己，从而对自己多一分了解。

雪婷的家庭条件很不好，她高中毕业后就出来打工了，好不容易才找到一份工作，在一家高级珠宝店当售货员，她在这里勤勤恳恳地努力着。

这一天，店里来了一个男子。他高个子、白皮肤，大约30岁左右。他衣衫破旧，一脸的悲伤、愤怒、惶惑，不时用一种羡慕而又绝望的眼神盯着店里的那些高级首饰。

雪婷去接电话的时候，不小心把一个碟子碰翻，六枚精美绝伦的钻石戒指滚落到地上。她以近乎狂乱的速度弯腰捡回五枚戒指，但第六枚怎么也找不着。雪婷猜想它可能滚落到橱窗的夹缝里，就跑过去细细搜寻。结果却没有！

这时，雪婷突然瞥见那位高个儿男子正向门口走去，顿时她意识到戒指在哪儿了。当男子的手就要触及门柄时，雪婷柔声叫道："对不起，先生！"

他转过身来，漫长的一分钟，两人无言对视。雪婷想："不管怎样，让我挽回我在商店里的未来吧。把戒指弄掉是很糟糕，但只要没有损失，大家总会忘掉这回事。要是丢掉一枚，那简直不敢想象！而此刻，我若表现得急躁，即使我判断正确，也终会使我所有美好的希望化为泡影。"

"什么事？"男子问，他脸上的肌肉在抽搐。

"先生，这是我第一份工作。现在竞争很激烈，找份工作真的很难，想必您也深有体会，是不是？"雪婷神色黯然地说。

男子长久地注视着她，终于，一丝十分柔和的微笑浮现在他的脸上。

"的确是这样。"他回答，"但我能肯定，你在这里会干得不错。我可以为你祝福吗？"说完之后，男子向前一步，把手伸向雪婷。

"谢谢您的祝福！"雪婷立刻也伸出手，两只手紧紧握在了一起。雪婷用十分柔和的声音低声说："也祝您好运！"

男子推开店门消失在浓雾里。

雪婷慢慢转过身，将手中的第六枚戒指放回了原处。

没有批评，没有苛责，更没有咆哮。然而，雪婷却成功地要回了遗失的第六枚戒指。奥妙何在？

雪婷正是看到这位顾客是贫民，从他的角度考虑，他同样饱受失业和贫困的痛苦，能够理解自己的心情，于是运用自己的智慧取回了钻戒，获得了那位先生的赞赏和祝福。她用一颗宽容和仁慈的心去真诚对待他的错误行为。而那位先生，同样因其能站在对方的角度考虑，感受到雪婷为难的处境和焦急的心情，于是勇敢地承认了自己的错误，并向雪婷投以真挚的祝福，使一个错误及时得到纠正，而且还给人以美好的回忆。

正如教育家苏霍姆林斯基所说："有时宽容引起的道德震动比惩罚更强烈。"

不妨经常问一下自己："如果我是他（她），会怎么样呢？"想想看，如果我处在我妻子的地位，是否愿意以我这样的人为夫？如果我处在我孩子的地位，是否会为有我这样的父亲而骄傲？如果我处在我部下的地位，是否为有我这样的上司而庆幸？当我们进行这种角色转换的时候，就会惊奇地发现，自己还有许多需要改进的地方。

战场上，知己知彼，可以百战百胜；社会交往中，也需要换位思考，才能获得人际交往的成功。

一个电商品牌的创始人租用了某五星饭店的礼堂来答谢全国营销商。这天，她突然接到通知，说礼堂的租金要增加三倍。创始人找到饭店经理，说："这件事我不怪你，如果我是你，我也会那样做。你身为经理，有责任让饭店盈利。"

紧接着，这位创始人算了一笔账："增加礼堂的租金，贵饭店自然会获利。但是你如果撵走我，也等于撵走了全国各地的商业精英，而如果日后他们光顾贵饭店，是你花多少钱也买不到的活广告。哪样更有利呢？"经理听了她的话，被她说服了。

第二天，品牌创始人接到饭店的电话，通知她租费只涨50%，而不是300%。

在这里，品牌创始人连一句她的愿望都没说，就得到了这个减租的结果。她一直谈的都是对方的利益，以及对方如何能得到想得到的。

假如她像一般人一样，怒气冲冲地对经理说："你这是什么意思，明明知道我已经发完了邀请函，你却临时变卦，要增加我三倍的租金，岂有此理！"那么情形会怎样呢？一场争论就会不可避免地展开……

美国汽车大王亨利·福特说过："如果说成功有秘诀的话，就是了解对方的观点，并且从他的角度和你的角度来观察事情的那种才能。"

有一位年轻的主管讲述过这个技巧是多么有用："我在一家服装商店担任经理助理时，负责向逾期不付款的客户发催款信件。他们原有的催款函措辞强硬，甚至带点恐吓的意味，使人不敢恭维。我一面看一面想：'老天爷，假如有人寄这种信给我，我不发疯才怪！我绝对不付这笔钱。'所以我就写了会使人高高兴兴付账的信。结果真的很管用。我站在顾客的立场，居然就使我们的催款业绩达到破纪录的水平。"

不抬杠：撕掉"杠精"的标签

公司新来的产品经理阿文，入职不到半年就被贴上了"杠精"的标签。大家对他的描述是：

他特别愿意在鸡蛋里挑骨头，最喜欢给别人泼冷水；

无论别人说什么观点，他都会说“那可不一定”；

大家各抒己见讨论方案，到他那里永远行不通；

……

虽然阿文的出发点确实是为了同事和公司好，但最终还是被大家嫌弃和疏远。

职场中，像阿文这种爱“抬杠”的大有人在。看起来他们是情商低，不懂得职场沟通，但更深层次的原因，是他们的“求异型思维”在作怪。

人的大脑在处理信息时，有两种截然不同的加工模式：一种是求同型，另一种是求异型。思维方式的不同，会导致我们考虑问题的视角不一样，长此以往，会形成一个难以改变的思维定式。

求同型的人，会努力在沟通中捕捉和自己共同的信息，然后予以认可和支持。在人际交往中，这种类型的人往往能理解和支持他人的想法，容易与周围的人打成一片，人际关系处理起来也会更轻松。

而求异型的人，擅长寻找差异、风险和异常，“是吗？”“我看未必”“这不绝对”“那不一定”“不不不”是他们的口头禅，因此，他们经常与人起冲突。

直率一些不一定是坏事，但需要明白的是，即便是再要好的朋友，再亲密的家人，说话也不能没有分寸。如果经常在沟通中打击别人的情绪，会令你失去好人缘。

所以，如果你是一名求异者，须时刻警惕自己的思维习惯，并在与人沟通时注意以下几点：

1. 善用“拉波波特法则”

有一个关于沟通的“拉波波特法则”：要想和对方达成共识，让对方认同自己不一样的观点，不应该一上来就反驳对方，而是先整理出同意的部分，最后再提出自己的想法。这种方式能让对方更容易接受我们的意见，我们也就不会被认为是“杠精”。

2. 改变用词习惯

改变与人沟通时招人讨厌的用词习惯，把“可是”“但是”换成“而且”，把“不是”“不对”“不可能”这类会引起对方反感的词，替换成“嗯，我觉得……”。

3. 多做求同思维练习

在日常生活中，不妨做一些求同思维训练，把自己和身边人的共同之处找出来。对任何人说出的话，都要找两个支持他的理由；对任何一个方案和策划，都说出几个可行之处。训练时间长了，你的大脑就升级了，会令你及时控制提出异议的冲动。

4. 表达反对意见时，态度要真诚

有时候，如果你的意见确实是宝贵的，也是需要表达的，这时，就应该改变沟通态度，要用真诚的语气提出反对意见，这样就更容易被人接受。

不冒犯：绕开对方的“痛点”

一般来讲，开玩笑的目的是达到一种令人回味的幽默效果，但如果有人因开玩笑侵犯到了别人的“痛点”，就有点得不偿失了。玩笑能否令人回味无穷，在于巧妙、含蓄的构思，精辟、深奥的哲理，浅显、滑稽的表现形式，幽默的引证，以及特定的矛盾、特定的情境等等。用过分的语言去开玩笑，难免出现污言秽语。同时，不宜过频地开玩笑，应该适可而止。

每个人都有自己的秘密，也都有一些压在心里不愿为人知的痛苦。在同事之间的闲聊调侃中，哪怕感情再好，也不要去揭别人的短，把别人的隐私公布于众，更不能拿来当作笑料。

某茶馆老板结婚刚两个月，他的妻子就生了一个小孩，邻居们赶来祝贺。老板的一个要好的朋友李雷也来了。他拿来了自己的礼物——纸和铅笔，老板谢过了他，并且问："尊敬的李雷先生，给这么小的孩子赠送纸和笔，不太早了吗？"

"不，"李雷说，"您的小孩儿太性急。本该8个月后才出生，可他偏偏2个月就出世了，再过5个月，他肯定会去上学，所以我才给他准备了纸和笔。"

李雷的话刚说完，全场哄然大笑，令茶馆老板夫妇尴尬不已。

调侃他人的隐私是不对的，上例中李雷明显道出了茶馆老板妻子未婚先孕的隐私，这样令大家都处于尴尬的局面。

调侃时说出了他人想要隐瞒的痛点，虽言者无意，但是听者却有心的。他会认为你是有意跟他过不去，从此对你恨之入骨。他做的事别有用心，极力掩饰不使人知，如果被你知道了，必然对你不利。如果你与对方非常熟悉，绝对不能向他表明你绝不泄密，那将会自找麻烦。最好的办法是假装不知，若无其事。

在现实中，正人君子有之，奸佞小人有之，既有坦途，也有暗礁。

在复杂的环境下，不注意说话的内容、分寸、方式和对象，往往容易招惹是非，授人把柄，甚至祸从口出。因此，说话小心些，为人谨慎些，使自己置身于进可攻、退可守的有利位置，牢牢地把握人生的主动权，无疑是有益的。一个毫无城府、喋喋不休、乱侃他人隐私、乱揭他人伤疤的人，会显得浅薄俗气、缺乏涵养而不受欢迎。

心理学家研究表明：谁都不愿把自己的错误在公众面前“曝光”，一旦被人曝光，尤其是以一种调侃的形式被人揭露，就会感到难堪而愤怒。因此，在与人交往谈话中，如果不是为了某种特殊需要，一般尽量避免接触这些敏感区，免使对方当众出丑。必要时可采用委婉的话暗示你已知道他的错处，让他感到有压力而不得不改正。知趣的人需“点到即止”，这样的人一般是会顾全双方的脸面而悄悄收场的。当面揭短，让对方出了丑，说不定会使对方恼羞成怒，或者干脆耍赖，出现很难堪的局面。至于一些纯属隐私、非原则性的错处，还是那种方法：装聋作哑，千万别去追究。

不发火：冲动是魔鬼，管好你的嘴

《红楼梦》里的林妹妹就不善与姐妹们相处，到最后，谁都知道她小心眼儿，事事要让着她。

一次，林黛玉与贾宝玉正说话，湘云走来，笑道：“二哥哥、林姐姐，你们天天一处玩儿，我来了，也不理我一理。”

黛玉笑道："偏是咬舌子爱说话，连个'二'哥哥也叫不出来，只是'爱'哥哥，'爱'哥哥的。回来赶围棋儿，又该你闹'幺爱三四五'了。"宝玉笑道："你学惯了她，明儿连你还咬起来呢。"史湘云道："她再不放人一点儿，专挑人的不好。你自己便比世人好，也犯不着一个打趣一个。指出一个人来，你敢挑她，我就服你。"黛玉问是谁。湘云道："你敢挑宝姐姐的短处，就算你是好的。我算不如你，她怎么不及你呢？"黛玉听了，冷笑道："我当是谁，原来是她，我哪里敢挑她。"宝玉不等说完，忙用话岔开。

这位林妹妹实在让人没办法忍受，一听到稍不合自己脾胃的话，便反唇相讥，哪里还会当面称赞别人比她好，所以有时她病了、闷了，盼个姊妹来说话，就算姐妹们来问候她，说不得三五句话又觉得不耐烦了。虽然大家知道她受不得委屈，不苛责她，但是内心中是不喜欢她这么做的，以至于后来大度的宝钗获得了众人的一致好评，黛玉未免落了单。如果林妹妹心平气和，凡事不挑事端，不去得罪姐妹们，可能就会有另一种结局了。

当别人正在气头上的时候，千万不能以刚克刚，添油加醋，助长对方的怒火，最好的办法就是：心平气和，以柔克刚。

"以柔克刚"，是和一个爱发脾气的人相处的最好办法。对方愈是发怒，就要愈发镇定温和；愈是紧张的场合，愈应保持头脑理智。这样，沟通会变得更加顺畅，能够避免出现双方争吵不休的局面。

一位导演早年曾拍过一部失败的影片，连他的家人看后都不留情面地评价："真是一部糟糕的电影"。若干年后，某知名自媒体突然旧事重提，说起这部电影，言语中尽是尖酸刻薄，显然是有意在大众面前诋毁这位演员的形象。

导演经过冷静思索后，在一家颇有影响力的社交平台上更新了状态。他承认自己拍的这部电影很差劲，真诚向观众和所有媒体道歉，并且表态："我会永远把这部电影当成我的重要作品，以此警戒，以后不会再犯同样的错误。"导演的举动轰动了整个娱乐圈，他不仅没有因此而出丑，反而受到了大众的好评，从而声誉大增。

导演的胜利取决于冷静、心平气和。在当众受辱之后，既不火冒三丈、怒发冲冠，也不萎靡不振，他保持冷静，仔细、认真地分析面临的困境和挑战，找出主要矛盾，然后奋起反击。公开坦然承认自己过去的失败，非但丝毫无损于自己的利益，反而使对方陷入被动的境地，暴露出居心叵测的险恶用心。

如何让自己心平气和地与人相处呢？

1. 轻声细语

它可以表现说话者的尊敬、谦恭、谨慎和文雅。在和别人交谈时，使用轻声细语可以缩短人与人之间的感情距离，密切双方的关系。有时，它还能避免一些可能会招致的麻烦。当然，用它来坚持意见、回驳别人、维护正义和尊严或表示强调是不合适的。

2. 慢条斯理

这种语调宛如柔和的月光、涓涓的泉水，由人心底流出，轻松自然、和蔼亲切、不紧不慢，能给听者以舒适、安逸、柔和、亲密、友好、温馨的感觉。人们在请求、询问、安慰、陈述意见时常使用这种慢条斯理法，它可以弘扬男性的文雅大度和女性的温柔之美，尤其是在抒发情感时，这种柔声和气的运用更具有一种迷人的魅力。

不争辩：一个人深到骨子里的修养

每个人都不愿意认输，不愿意承认自己错了。与人争论时，要考虑对方的这种心理，不必硬要分出胜负，得理也让人三分，别人心里定会心存感激，至少不会与你为敌。

总是喜欢争口头上胜利的人，渐渐地会形成一种习惯：不管自己有理无理，一旦用到嘴巴，他绝不会认输，而且也不会输，因为他有本事抓你语言上的漏洞，也会转移战场，四处攻击，让你毫无招架之力。虽然你有理，他无理，但你就是拿他没办法。

在辩论会、谈判桌上，这种人也许是个人才，但在日常生活和工作场合中，这种人反而会吃亏，因为日常生活和工作场合不是辩论场，也不是会议场和谈判桌，你面对的可能是能力强但口才差，或是能力差、口才也差的人，你辩赢了前者，并不表示你的观点就是对的，你辩赢了后者，只突显你只是个好辩之徒且没有“心眼”罢了。

一般常见的情形是，人们虽然不敢在言语上和你交锋，但对的事情大家心知肚明，反而会同情“辩”输的那个人，你的意见并不一定会得到支持，而且别人因为怕和你在言语上交锋，只好尽量回避你。如果你得理还不饶人，把对方“赶尽杀绝”，让他没有台阶下，那么你已种下仇恨的种子，这绝对不是好事。

你应该也有过这样的体会，一个人在提出自己的意见后，一旦遭到全盘否定，自尊心往往使他采取以牙还牙式的反抗。这种心理反应会极大地阻碍谈判的顺利进行。相反，一个人在提出自己的意见后，一旦受到某种程度的肯定和重视，人的自尊心会引导心理活动形成一种兴奋优势，这种兴奋优势会给人带来情感上的亲善体验和理智上的满足体验。这种体验一旦发生，就会有利于纠纷的调解，使争执双方的意见达成一致。

不自夸：过分自夸是沟通禁忌

爱自我夸大的人是找不到真正的好朋友的，因为他自视甚高，睥睨一切，不大理会别人的意见，只会自己吹牛。他只想找奉承和听从他的群众，而不是朋友，于是朋友们都唯恐避之不及。他常自以为是最有本领的人，如果他做生意，他觉得没人比得上他；如果他是艺术家，他就自以为是一代大师；要是他在政治舞台上活动，他会觉得只有他才能拯救世界、拯救人类。事实上，若有真实本领，那么赞美的话应该出自他人之口，自吹自擂只会丢掉自己的脸面。有修养的人不会随便说及自己，更不会过分自夸。他很明白，个人的事业、行为在旁人看来是清清楚楚的。

自吹自擂往往造成负面的效果，因此与其自夸，不如表现得谦逊有礼。也许你陶醉在自己的成就中，认为自己很伟大，但他人不一定同意你的想法。自己捧自己，绝不能捧得太高。好夸大自己事业的重要性，间接为自己吹擂，纵使你平日备受崇敬，听了这话别人也会觉得不高兴。世间每一件值得向人夸耀的事情都是这样，自己不自夸时，别人还会来称颂，自己说了，人家反而不以为然。

不要故意发表与别人的不同意见，来显示自己的特别，或是寻求他人的重视。有的人专门喜欢表示与别人看法不同。如果你说这是黑的，他硬说是白的；后来你改变了看法说这是白的，他就会反过来说这是黑的。这种人与那些处处随声附和的人一样会被人看不起，最后会让人认为他是一个不忠实的人。

好口才帮助你成就人生，没有一个人不愿意做一个口才好、到处受人欢迎的人。但是若为了展现你的口才到处逞能，只会惹人憎厌，所以口才应正确且灵活地表现。

在谈话时，可能会出现一些分歧，这时如果立刻提出异议，对方会觉得自己的意见被完全否定了，没有得到尊重，自然也不会很开心，这样的结果就是令人不愉快的。这种情况下，不如把事情说得清楚一点，先说明你和他观点的相似点，哪一点是自己同意的，哪些地方完全赞同他的看法，再把不太同意的某一点说出来，对方也就更容易接受你的批评或指正。先提及对方意见中你所同意的点，就能更好地缓和谈话的气氛，达到双方都满意且愉快的效果。

总而言之，尽量避免在陌生人面前夸耀你个人的成就或者财富，或者频繁向人夸耀自己子女的优秀，更不要在公共场合，把朋友们的缺点与失败当作是谈话的素材。在公共场合尽量避免谈论自己的负面情绪，诉苦和发牢骚不是获得同情的好方法，反而会给人留下消极的印象。

不武断：拿不准的问题多听多看

一般人并不介意听到反对自己的声音，不过人人都愿意自己动脑筋去思考一下各种问题。对于自己未必相信的事情，更愿意多听一听，多看一看，再下判断。因此为了给别人留下考虑的余地，交谈时应尽量缓冲你的判断和结论，你可以声明这只是你的个人看法，或者是你亲眼看到的事实，但也要尊重别人可能跟你有不尽相同的经验。

除去极少数的特殊事情外，日常交往中，你最好能避免用过于绝对的语句来表达你的看法，比如“绝对是这样的”“全部是这样的”，或者“总是这样的”。你可以用“有些是这样的”，“有时是这样的”这样的表达，甚至你可以说“大多数人都是这样的”。

对自己没有亲历，不够了解的事实，或存有疑点的问题发表看法时，要注意选择恰当的限制性词语准确地表达。比如使用“仅从已掌握的情况来看，我认为……”“如果情况是这样的话，我认为……”“这仅仅是个人的意见，不一定正确……”这样的表达。这些说法给你的言论做了必要的限制，不但较为客观，而且随着情况的变化，你可能会有新的想法，做出进一步的判断，或纠正自己原来的看法，这样的表达可以为你以后想法的变化留有余地。

当事实尚未搞清，事件涉及面广，或是自己不明就里时，都不宜说出过于绝对的话，而应用委婉、含蓄、隐蔽、暗喻的方式，由此及彼，用弦外之音巧妙表达本意，揭示批评内容，让他人自己思考领悟，这种批评有“藏颖词间，锋露于外”的效果。可以通过列举和分析现实中他人的是非，暗喻其错误；可以通过列举分析历史人物是非，烘托其错误；也可以通过分析正确的事物，比较其错误等。此外，还可采用多种暗示法，如故事暗示法，用生动的形象增强感染力；笑话暗示法，既有幽默感，又使他不尴尬；逸闻暗示法，通过逸闻趣事，使他听批评时，即使受到点影射，也易于接受。总之，要通过合适的表达，留有余地的话语，提供多角度、多内容的比较，使人反思、领悟，自觉愉快地接受你的意见。

第二章

高情商沟通：把话说到对方心里去

说好开场的第一句话

开场的第一句话也叫开场白，顾名思义，开场白开得不好就等于白开场。人与人见面讲究第一印象，俗话说“好的开始是成功的一半”，就是说开场的第一句话非常重要。

俄国大文学家高尔基说：“最难的是开场白，就是第一句话，如同在音乐上一样，全曲的音调，都是它给予的。平常却又得花好长时间去寻找。”高尔基的这段话包含两层意思：首先，第一句话至关重要，它的作用如同音乐的“定调”，规定着“全曲”的基本面貌和基本风格；其次，适当的第一句话不是那么容易找到的，它是长期积累和斟酌钻研的结果。

开场白应达到三大目的：一是拉近距离，二是建立信任，三是引起兴趣。而这三点之中，最重要的就是第一点。只有与对方的距离拉近了，才能顺利地与对方建立信任，引起对方的兴趣。不要小看这短短的开场白，它将决定此后你所说的每一句话的命运。听者将根据你给他留下的第一印象的好坏来决定是否耐心真诚地聆听你后面所说的话。因此，只有以新颖、奇趣或敏慧的表达开场，才能让对方走进你的话语世界，吸引对方的注意力，从而为接下来要说的话搭梯架桥。

开场白虽然没有千篇一律的固定格式，但是你却可以根据具体的情况去选择一个恰到好处的开场白。

1. 以问句开场

一些有经验的演讲者都会选择在演讲开始的时候先提出一个问题，使听众按照他的思路去思考问题，同时产生一种想知道答案的欲望，听众的注意力自然而然就集中起来了。我们进行开场白的时候也可以效仿那些演讲者，以问句作为开始。这样就可以立刻抓住对方的注意力，让对方紧跟你的话题。

但有一点要注意的是，我们提出的问题要恰到好处，不宜过多，达到抛砖引玉的目的即可，否则只会适得其反。

2. 以小故事开场

准备一个小故事，可以是寓言，也可以是引人发笑的小笑话，但一定要做到吸引对方且与自己的话题相关。

引人发笑的故事本身就具备引起人兴趣的魔力，如果运用得当，将是非常好的开场白。但是如果你没有幽默的禀赋，以一副严肃的面孔讲幽默故事，是收不到预期效果的；如果对方听不懂你的幽默，效果将更加糟糕。

大多数情况下，只要这个故事有具体的时间、地点、人物与故事情节，并且与你要讲的主要内容相契合，那么这个小故事就已经合格，具备吸引对方的特征。

3. 以赞美开场

人人需要赞美，人人也都喜欢赞美。因此当你做开场白的时候，就可以用上这招。对听者家乡的自然风光、悠久历史、传统风貌等表示自己的敬佩之意，或对当地人的善良勤劳由衷赞颂，这样，可以引发对方的自豪感，满足其自尊心，从而获得对方的共鸣，拉近你们彼此之间的距离。

顾林爱写作，脑子总是处于“工作”状态，尽琢磨些写文章的事，显得很深沉。在一个会上，某君对顾林说道：“你的口才棒极了，上次那个联欢会，你朗诵的唐诗很有中央人民广播电台著名播音员的风采啊！”顾林听了这样的话，倍受鼓舞，对此君感到特别亲切，两个人虽然是第一次见面，但很快就成了无话不谈的朋友。

4. 以感激开场

谢飞是一家合资品牌的谈判专家，被调派到海外分公司开拓市场，他所面临的第一项挑战就是与当地政府部门建立友好关系，签订项目合作协议。这是一项棘手的任务，因为这笔交易在初审时并未获得批准，能否重新寻找到成功的机会，全靠谢飞的谈判本领了。

作为有着丰富经验的谈判专家，谢飞深知肩上的重任，他稍做准备就飞赴当地。接待他的是当地政府的高官。谢飞下了飞机后，对他的谈判对手讲的第一句话是："托您的福，我终于有机会来到这个我一直向往的国度。"

这是一句非常得体的开场白，它简明扼要，但内涵却极为丰富，表达了好几层意思。这一句话感谢了主人慷慨赐予的机会，让他有机会能够来到贵国，而且富有意义的是，这里是他一直向往的地方。这样的开场白拉近了谈判双方的距离。最终，双方签订了项目合作协议。

5. 以名言警句开场

一般来说，名人都是大家耳熟能详的，并且具有某种权威。许多人对名人都会产生一种崇拜感。所以，开始进行对话的时候，不妨引用名人名言作为自己的开场白。这样，你的整段话自然而然会产生一种吸引力，引发对方的兴趣。

6. 借助物品开场

俗话说"口说无凭"，如果你与别人进行谈话时，还有一件物品作为陪衬的话，那么你的这段话语就将更具说服力。

一位教授在高校发表演讲，她开场就说："很多人都觉得不快乐，其实原因在于你自己，因为你的大脑操纵在你手中。"她的话引起听众的注意力，大家都凝神等待她继续说下去。教授拿出了大脑分叶模型，一边展示，一边讲解："每个人都有四个脑叶——额叶、顶叶、颞叶、枕叶，"她论述了大脑与情绪的关系，最后总结说："所以，想掌控人生，就要从掌控大脑和思想开始。"全场响起了雷鸣般的掌声。"

教授利用模型进行讲解，为听众留下了深刻的印象。因此，用物品作为开场白的辅助工具是有一定作用的。但是要注意的是，一定要找与你的话题内容相关，有助于你表达中心思想的物品。

亲善，高效沟通的敲门砖

亲善的意思是“建立或重建和谐友好的关系”，也就是说，我们可以通过建立亲善关系，形成一种相互信任、相互满意和相互合作的人际关系。

亲善是人们建立亲密关系的首要条件，同时也是一切交流的基础。如果你没有和对方建立亲善关系，那么，哪怕是让孩子把鞋放入鞋柜里这样简单的事也会举步维艰，因为对方根本不会听你的。亲善，需要我们站在对方的角度，关照他人的自尊心，用更加温和、善意的方法达成有效沟通。亲善的态度给人如沐春风之感，更容易为对方所接受，但说话人需要运用智慧，才更能达到亲善的关系。

一个总统有了这种与他人建立亲善关系的能力，可以和世界其他国家建立好关系，可以使国家的政府要员团结在他的周围，将自己推行的政策执行好。

一个公司总裁有了很好的人际关系的能力，可以有效地和其他公司的总裁打交道，来完成自己的目标；可以有效地在公司内部建立起自己的威信，来完成公司的业绩。

一个销售人员如有很好的人际关系能力，可以将他的产品有效地销出去；一个办公室职员有了很好的与他人建立亲善关系的能力，可以处理好与同事以及上司的关系，这对他的升迁以及职场发展是极为有利的。

一位老师有很好的人际关系能力，可以和学生、同事、领导处理好关系，使他的教学更有效果，使他的同事喜欢他，领导也会更重用他。

正如荀子所说："水能载舟，亦能覆舟。"人在社会中生存，人际关系既能推动你走向成功，同时也能让你顷刻间一无所有。所以，我们一定要注重与他人建立亲善的关系，因为它是一切交流的基础，同时也是我们的人生发展能否顺利的重要因素之一。

找到切入点，开启愉悦的交谈

没有话题，一场谈话就没有焦点。光是说空话，没有实际意思，那陌生人终究还是陌生人，陌生的局面终究化不开。

和陌生人说话往往苦于找不到话题，怎样巧找话题呢？那就要从具体情况出发去考虑，如果彼此完全陌生尚未相识，那就要察言观色，以话试探，寻求共同点，抓住了共同点就是抓住了可谈的话题。如果是因为话不投机，出现难题，那就要求同存异，或是检讨自己的不妥之处，表示歉意，如果对方有什么顾虑，或是沉默的原因不明，那就没话找话，随便找个话题，引起对方的兴趣，说个笑话，谈点趣闻都可以活跃气氛。

从具体情况出发，可以采取下面的方法：

1. 根据你的意图提问

在初次交往中，各自都有一定的意图，那就可以依据你的意图，提问求答，你想了解什么就可以问什么。但这样做的时候要注意两点：一是不要形成一串的盘问；二是不要探听对方的隐私。

最好的做法是你想了解对方的什么情况，你就先谈自己的什么情况，扩大自己的开放区域，来促使对方扩大开放区域，这样就容易找到许多可谈的话题。如果你想了解对方的业余生活，可以问对方：平时有什么兴趣爱好？业余时间喜欢做什么？但是很可能对方只说了“喜欢旅游，听听音乐”这么一句话，就不再说了。那你就谈谈自己的业余爱好，谈得具体、详细一些，这样就会引发对方的谈兴，使交谈趣味相投。

与陌生人交谈，一般都可以先提一些“投石问路式”的问题，当略有了解后再进行有目的地交谈，便能谈得较为自如。如在商业宴会上，见到陌生的邻座，便可先投石询问：“您是主人的老同学呢，还是老同事？”无论问话的前半句对，还是后半句对，都可循着对的一方面交谈下去；如果问得都不对，对方回答说是“老乡”，那也可谈下去。假如是北京老乡，你可以和他谈天安门、故宫、长城，谈北京的新变化；如果是福建老乡，你可与他谈荔枝、龙眼，谈沿海的水产等，从而开始你与他的交谈，也许他将来就是你事业上的合作伙伴呢！

2. 就社会热点问题进行交谈

陌生的双方刚一接触时，纯属个人生活的事情不宜多谈，但可以对时下人所共知的社会现象、热点问题谈谈看法。如果对方对这一问题不太清楚，你可以稍作介绍。例如，近期影响较大的社会新闻、电影、电视剧和报刊文章等，都可以作为谈话的话题。

3. 从眼前和身边的具体景物上找话题

（1）从双方的工作内容寻找。相同的职业容易引起共鸣，不同的职业更具有新奇感与吸引力。

（2）从彼此的经历中寻找。亲身经历过的人和事往往会给你留下极深的印象。这种交流最易敞开心扉，最易见到真情。

（3）从双方的发展方向寻找。人都关心自己的未来，前途与命运是长盛不衰的永恒的话题。人生若没有前进的方向，生活便失去了动力。这类话题最易触动对方敏感的神经。尤其是异性，更热衷于此。

（4）注意家庭状况。谈家庭生活并不一定就是俗气。家庭是社会的细胞，家庭生活的完美、和谐是每个人的理想状况。这类话题不必做准备，随时都可谈论，但有思想的人都可以从中发现许多人生的哲理。

（5）关注子女教育。孩子是父母生活的希望，孩子的教育牵动亿万家长的心。怜子、爱子、望子成龙是家长共同的心理。谈及孩子，就算是性格内向的人，往往也会滔滔不绝。

如果是预约式地拜访某陌生人，最好事先做好功课。首先应当对即将拜会的客人做些了解。可以向一些你们双方都认识的朋友，探听一下对方的情况，关于他的职业、兴趣、性格等方面，了解得越详细越好。

当你走进陌生人的住所时，可以通过观察，看看能否找到一些了解对方性格的线索。墙上挂的是哪位画家的画？如果是摄影作品，可以揣测对方是否是摄影爱好者。

要知道，屋内的装饰摆设，可以表现主人的喜好和情调，甚至有些物品会牵引出某段动人的故事。如果你把它当作一个线索，不就可以了解主人心里的某个方面了吗？了解了对方的个性，不就有话题了吗？

交谈前，通过多个渠道，尽可能多地了解对方，再把所获的种种信息进行分析研究，由小见大，由微见著，将它作为交谈的基础。

用词准确，说出的话才有分量

一个用词准确的人，可以准确、流利地表达出自己的意图，也能够把道理说得很清楚、动听，使别人很乐意接受。

在日常交谈的话语中，有不少词语在不同的条件下使用，会表述出不同的含义，有的甚至截然相反，这就是“同语异义”的现象。它会给你带来不少麻烦，但也会带来许多便利。巧用“同语异义”比直言更能对听者产生强烈的吸引力，但如果运用不好则会带来很多麻烦。《三国演义》中描写的曹操误杀吕伯奢一家的故事就很有借鉴意义。

曹操刺杀董卓未成，便与陈宫一道投奔曹父的义兄吕伯奢，去他家求宿。吕伯奢热情接待。

曹操坐了一阵，忽然听到后院有磨刀的声音，于是，与陈宫蹑手蹑脚进了后院，只听得有人说：“捆绑起来再杀！”

曹操对陈宫说：“不先下手，咱们就要死了！”

说着，曹操便与陈宫拔剑冲了过去，见一人便杀一人。他们搜寻厨房，这才看见那里有一只被捆绑起来等待宰杀的猪。

这个故事虽反映曹操疑心过重，但“捆绑起来再杀”这句不明确的言辞，对促成曹操杀人也起了很大作用。这说明“同语异义”的言辞一定要谨慎使用。

第二次世界大战期间也发生过因“同语异义”造成误会的事。当时，由于德军经常空袭伦敦，所以英国空军总是保持高度警惕。在一个浓雾漫天的日子，伦敦上空突然出现了一架来历不明的飞机，英国战斗机立即升空迎击，到两机接近时，才发现这是一架中立国的民航机。

英国战斗机向地面指挥部报告了这一情况，请求指示。地面指挥部回答：“别管它。”于是，英国战斗机发出一串火炮，把这架民航机打落了。

后来，英国为此支付了一笔巨额赔偿才了事。英国战斗机飞行员和地面指挥部都负有不可推卸的责任。地面指挥部不该用“别管它”这样语义不明的言辞来回答战斗机的请示，这既可以理解为“别干涉它，任它飞行”，也可以理解为“甭管它是什么飞机，打下来再说”。而战斗机飞行员的责任在于听到这样模棱两可的命令后，应该再次请示，然后再采取行动，这样就不致铸成大错了。

可见，这个“别管它”就是一种“同语异义”的言辞。在遇到这种言辞时一定要慎重处理，切勿模糊不清，否则它会成为你与人沟通的障碍，甚至会得罪人。

一个公司的人事流动是正常的，对一个高明的部门主管来说，当有人走了以后，他要做的事情应该是如何通过自己的语言稳住留下来的人。但是，有很多部门主管并不注意这一点。

某公司的一个部门经理手下有10个员工，有4个员工提出辞职，这位经理感到很不安，他对留下来的6名职员说：“那些精明能干的人都走了，我们的将来可是前途未卜了！”显然，这句话得罪了留下来的6位雇员，使部门的气氛更加紧张。

也许这位部门经理对留下来的6位雇员并无贬低之意，可是由于他言辞上不能准确表达，使这6位雇员心理上产生了阴影，在日后的工作中，肯定会产生抵触情绪。

一个说话准确的人，有时候还可以立刻从问答中抓住对方言语的意图，并从对方的谈话中得到启示，增加自己对对方的了解，并与之建立良好的友谊。说话有失准确的人，常不能完全地表达出自己的意图，往往会令对方听得费神，而又不能使人信服。

1916年，美国化学家路易斯在一篇论文中首次提出了“共价键”的电子理论。这个理论对于有机化学的发展具有重大意义。可是这一理论发表后，在美国化学界并未引起应有的反响，其中一个重要的原因便是路易斯不善言谈，没有公开发表演说，宣传自己的见解。

三年以后，美国另一位有名化学家朗缪尔发现了路易斯见解的价值。于是，朗缪尔一方面在有影响的《美国化学会会志》等刊物上发表多篇论文，阐述和发展路易斯的理论，另一方面又多次在国内外的学术会议上发表演讲，大力宣传“共价键”。由于朗缪尔能言善辩，对“共价键”做了大量宣传解释工作，使得这一理论被美国化学界承认和接受。一时间，美国化学界纷纷议论朗缪尔的“共价键”，而几乎忘却了这个理论的首创者路易斯的名字，有人甚至把它称作朗缪尔理论。

看到对方的需要，了解对方的观点

换位思考要求我们从说话者的角度来看待问题："说话者所要表达的观点是什么？他需要的是什么？他想要解决什么问题？"

有一个盲人，在夜晚走路时手里总是提着一个明亮的灯笼。

别人见了觉得非常奇怪，问他："你自己根本看不见，为什么还要打着灯笼走路呢？"盲人回答道："这个道理很简单，这个灯笼当然不是为了给我自己照路，而是为别人提供光明，帮助别人看清道路。也只有这样，别人才能看见我，不会撞到我身上，我的安全才有保证。"

当盲人打灯笼为他人着想、方便他人时，恰恰帮助了自己，给自己带来了方便。如果每一个人都能够像盲人这样学会帮助别人、关心别人，我们这个世界一定会变得更加美好。这看似浅显的道理理解起来不难，但做起来却并不容易。

要满足别人的需要，我们首先要去了解他的需要。精神分析心理学派鼻祖弗洛伊德说："别人之所以那么做，一定有他的一个原因。试着找出那个隐藏的原因，你就等于拥有了解释他的行为、了解他个性的钥匙。"观察、倾听、思考是了解他人需要与观点的好办法。

很多时候，了解他人的需要与观点是建立在仔细聆听的基础上的。这不但要求专注，还要求移情，即把自己置身于说话者的位置上，把自己想象成对方。这需要你暂停自己的想法和感觉，努力去理解说话者想要表达的含义，从说话者的角度调整自己的所观所感，这样可以保证你对所听到的信息的理解符合说话者的本意。

小贤和任何人都能保持愉悦的交谈，朋友向她请教沟通秘诀，她笑着回答："其实也没什么，我就是长了一双爱听别人说话的耳朵。"

这天，小贤去参加同事的生日派对。席间，同事为她引荐自己的闺蜜莉莉，然后就去忙了。莉莉是个性格高傲的女孩，但同事对小贤非常有信心，因为她是大家公认的沟通高手。

果然，没过一会儿，莉莉和小贤就聊得火热。"你身材太让人羡慕了，平时是不是经常做健身？"小贤问。"我每天坚持跑步。""你对跑步有什么心得吗？"小贤又问。然后，莉莉便滔滔不绝讲起跑步的益处，而小贤则在一旁认真地聆听，还时不时地点点头。莉莉越说越开心，最后二人互留手机号，相约下次见面。

小贤只是扮演了一个好的倾听者，就顺利赢得了莉莉的信任与好感。这正是所谓的"换位思考"，也是智慧的沟通之道。

营造让人吐露真心的氛围

在大部分的情况下，我们都能尽量选择对话的环境，营造和谐的谈话氛围。比如，你绝不会选择在吃午餐的时刻问别人怎样治疗痔疮效果好，也不会在电影开场后的安静环境里大声谈论对方的私事。如何营造让对方吐露真心的氛围？以下方法可供参考：

1. 环境：谁的地盘谁做主

如果你想追求一位女士，不妨与她去她最喜欢的西餐厅。在雅致的小包间里，花4小时细品咖啡和4道精致的菜肴。伴随着悠扬的钢琴曲，还有什么比这种方式更能让一个人吐露心声？当然，如果你实在想不出在哪里谈话比较合适。你不妨直接问她："你想在哪里聊聊？"或者"你有特别想去的地方吗？推荐一下！"

一般情况下，人们在自己的地盘是最为自在和放松的，如果你想让他对你开诚布公，就在他自己的地盘或是他选择的地方吧！在那里，他有一种自己做主、控制谈话内容的感觉。这将使他十分惬意和放松，可以将话题发挥得淋漓尽致。反之，如果你让他来你的地盘，例如你的办公室，他往往会保持警戒，不会对你透露太多，在你的地盘上解读他是很难的。

2. 旁观者：请他赶快离开

这有点像表演开始时清空舞台的感觉，不相关的人，还是请他赶快离开吧！试想一下，有很多旁观者在场的情况下，如果你问谈话对象一个私人问题，他会将心里真实的想法吐露出来吗？他往往会表现出自我防卫的姿态。有时候，他甚至会以沉默来对抗你的问题。所以，明智的话赶快清场！

3. 障碍物：绕过或挪开它

你和谈话对象之间的任何物品都可能影响你们的交流，所以很多人在谈话的过程中，选择从桌子后面走出来，坐在交流对象的旁边。谈话的障碍物有很多，它有可能是一个过高的花瓶、多余的水杯或是任何干扰你和对方视线交流的物品。如果你戴着帽子或是太阳镜，也要摘下来。

4. 分心的事物：暂时隔离

如果你的谈话对象聊兴正起，他的心扉已经向你敞开了一半。这时你接了一个不合时宜的电话，10 分钟之后，电话被挂断，尽管你说了抱歉，但是你的谈话对象却连刚刚说到哪里都忘记了。一般来说，当一场对话谈到情绪高昂的时候，我们最不想的，就是被电话或其他事物干扰。让人分心的事物，包括：电话、电视，等等。所以你需要关掉电话，关好房门，当你消除可能会造成分心的事物时，你已经为坦诚、完美的对话准备了良好的氛围了。

话多不如话少，简洁精练才是王道

言语在精不在多。要想把话说得“高效”，你就应该言简，让对方很快明白你所要表达的意思。

在任何场合说话，我们都应该明白一个道理，那就是“话多不如话少，话少不如话好”。一个说话语言精练、懂得适时缄默的人，走到哪里都会受人欢迎。而一个不分场合、总是喋喋不休的人，有可能“话多错多”，招人反感。

俗话说“祸从口出”，有时候仅是因为说了一句不该说的话，而遭到祸害。我们应谨言慎行，不能说一些无根据的话语，这只会让自己名誉受损。

子曰：“辞达而已矣。”孔子的意思是说：“言辞只要能表达意思就行了。”

《道德经》中有“多言数穷，不如守中”的说法。意思是说：“话说得太多，往往会使自己陷入困境，还不如保持沉默，把话留在心里。”

《弟子规》中的“话说多，不如少，惟其是，勿佞巧”，告诉我们话多不如话少，不要妄加判断，对自己不知道的最好不说。

子禽问墨子：“老师，一个人话说多了有没有好处？”墨子回答：“话说多了有什么好处呢？比如池塘里的青蛙天天叫，弄得口干舌燥，却从来没有人注意它。但是雄鸡，只在天亮时叫两三声，大家听到鸡啼就知道天要亮了，于是都注意它。”墨子的回答虽然简单，但阐述了说话既要切中要害又要恰合时宜的道理。青蛙与雄鸡的对比，形象地诠释了话多不如话少、话少不如话好的真正内涵。

孔子崇尚周礼，曾专程到东周都城洛阳考察礼仪制度。他在参观周王祭先祖的太庙时，看到台阶右侧立着一个金属铸造的人，嘴上被扎了三道封条，在这个金属人的背面，还刻有一行字：“古之慎言人也！”

《菜根谭》中说：“十语九中，未必称奇，一语不中，则愆尤骈集。”意思是说，十句话说对九句，未必有人说你好，但如果说错一句话，则各种指责、抱怨就会集中到你身上。

由此可见，多说话不如少说话，说话要恰当无误，千万不要花言巧语。那些话痨者往往说个不停，难免口干喉痛，不仅得不到任何益处，一旦发生了“口是祸门”的事情，只会给自己的处境和人际关系带来障碍。

诸葛瑾是三国时期孙权手下的大臣，平时话不多，但常常在紧要关头，几句话就能解决问题。有一次校尉殷模被孙权误解，要被杀头，众人都向孙权求情，只有诸葛瑾一言不发。孙权问："为什么子瑜（诸葛瑾字子瑜）不说话？"诸葛瑾说："我与殷模的家乡遭遇战乱，所以才来投奔陛下。我们本应该互相督促勉励，这中间我也有过失，所以不敢多说什么。现在殷模不思进取，辜负了您，还求什么宽恕呢？"短短几句话，孙权就感到殷模不远千里来投奔自己，即使有过错也应该原谅，于是就赦免了殷模。

与人交谈时，有些人聊到尽兴，一股脑地把什么话都说出来；也有些人由于一时气急就什么都不顾，什么都说，一时的解气之后只怕是后悔都来不及了！所以，我们一定要管住自己的嘴，一句话没说好就可能让你身处逆境；一句话没说好就可能被小人抓住了把柄！

某展览馆一名工作人员被派出招揽橱窗广告业务，这位工作人员专程赶到当地一家制鞋厂，稍加浏览，就大包大揽地与厂长谈生意。他自以为是，手指着厂房里展列出的各类鞋产品，夸奖一通："这种鞋子，款式新颖，美观大方，如果与我们馆合作，广为宣传，一定会提高知名度的！然后就会畅销全国，贵厂生产也会蒸蒸日上啊！"

听起来声情并茂，又具说服力，可惜说话人并非制鞋内行，原来他夸耀的是对方厂中积压的一批过时的产品。结果厂长不动声色地答道："谢谢你的话。可惜你指出的这批鞋子全部是落后于市场供求形势的第七代产品，现在我们的第九代产品正在走俏、热销。"

仅此两句话，就令这位工作人员无话可说了。我们要学会少说话，说也要说得巧妙，千言万语也不及一个事实给人们留下的印象深刻。如果想要使你所说的话令人重视，有一个技巧就是少说话。少说话的人有更多的时间静静思考，因此说出来的话更为精彩。尤其是当有经验或者了解情况的人在场时，如果多说了，就等于自曝其短，同时也失去了一个获得知识和经验的机会。

在我们的生活中，不但要学会适时地沉默，还要学会优美而文雅的谈吐。处于社会各种场合，要做到少说话并适当地缄默。在该说的时候，就要注意所说的内容、意义，要注意到什么场合说什么话。

无论是探讨学问、洽谈生意还是交际应酬、娱乐消遣，我们要尽量使自己说出来的话重点突出、具体而生动。

让谈话在意味深长中结尾

我们在与陌生人交谈结束时，运用“再会”之类的告别语显得千篇一律，太俗太空。这样一来，努力设计能给对方留下深刻印象的告别语就很有必要。

一般来说，通常有以下几种收尾方法：

1. 关照式收尾

关照式收尾，是交谈双方说完了自己的思想、意见或流露了某些内心意向之后，觉得谈话中的有些话和问题带有范围性、对象性、保密性和重点性，当交谈即将结束时，就关照对方不要将其中的某些话张扬出去。譬如：

“刚才我讲的一些话，是一些不成熟的看法，我觉得不必让他人知道，请你不要传出去，以免引麻烦……”

“小陈，我要讲的都讲了，全是心里话。有关小黄的事你千万不要告诉别人，不然会闹出大乱子来的。”

这种收尾方式，有一种提起注意、防患于未然和强调重点的作用，能使交谈的对方增进了解并增强“使命感”“责任感”。

2. 祝愿式收尾

祝愿式收尾，不仅具有较强的礼节性和情趣性，而且还具有极大的鼓动力。如果再加上适当的口语修辞，它的效果一定会非常显著。如：“再见吧，路上保重。祝你一路风顺！”

“时间不等人，生活就是拼搏，抓紧时间，就等于延长生命。我祝愿你是这样一个人，再见！”

3. 道谢式收尾

这种收尾方式在交谈艺术中具有较强的礼节性，它的基本特征是用讲“客气话”作为交谈的结束语和告别话。道谢适用的场景和对象是最广泛的，无论是上下级、同事、亲朋之间，还是熟人、邻舍以及初交者之间都是适宜的。譬如：

如果一次同志式的思想启迪性交谈行将结束，可用“听君一席话，胜读十年书”“你对我学习上的帮助和生活上的关怀，让我感激不已”结束。

“益先生，在您的悉心指导下，我明白了自己的责任，我一定按您的指教去做。谢谢您了，再见！”

4. 征询式收尾

交谈完毕，根据自己的交谈目的与交谈后的吻合情况向对方征求意见、说明、要求或建设性的忠告、劝诫等，这就是征询式收尾。譬如：

“宋先生，随着我们接触的增多和了解的深入，你一定察觉出我有许多缺点，你觉得我最糟糕的‘毛病’是什么？希望你下次开诚布公地提出来。”

当你与陌生下属交谈工作结束时，你应该说：“你还有别的什么要求和意见吗？”

“你生活上还有困难和要求吗？只要有可能，我将全力帮你解决……”下属也应该同样征询对方：“除了工作以外，你对我还有其他的意见和看法吗？如果现在想不起来，日后尽管提，我是不会计较别人对我提意见的……”

5. 归纳式收尾

这种收尾方式，通常在陌生人之间非形式性交谈中使用。譬如：

“周婷，听了你的情况介绍后，我觉得问题的关键是，第一点，我们是做他人思想工作的，如能统一人心，其他问题也就迎刃而解了……”

归纳式收尾，由于条理清晰，中心突出，重点再现，这样对方交谈的目的和内容，双方的思想和意见就能清楚交流，收到言简意赅、重点突出、明朗爽快的效果。

6. 邀请式收尾

邀请式收尾的基本特征是运用社交手段向对方发出礼节性邀请或正式邀请。前者的作用体现了“客套式”所需的礼仪；后者则表现了友谊的生命力。

“客套式”邀请：“如果你下次途经上海，请到我们家来做客。再见！”

正式邀请：“今天我们就谈到这里吧，星期三晚上6点钟请你到我家吃顿便饭，那时我们再长谈吧。再见！”

以上这两种邀请式收尾语，在社交场合同陌生人讲话是必不可少的。“客套式”邀请也是一种礼节；正式邀请更是一种友好和友谊的表示。运用这种结束语，肯定会赢得陌生人最大的赞同。

与陌生人交谈的结束语的表达方式多种多样，只要我们能够驾驭情境，正确审视对象，选择正确、得体的话语，交谈结束时，不仅会让谈话显得非常愉悦，而且还会余韵犹存，感人至深。

第三章

幽默沟通术：有趣有料，才有聊

来点幽默，对方更乐意向你靠近

在与陌生人相处时，幽默的言语能给人“一见如故”的效果，做到了让别人开心一笑，就自然而然地拉近了彼此的距离。

在一个狭窄的小巷口，一辆宝马汽车和一辆别克汽车相遇了。两个车主都想过去，可是谁都不肯让路。宝马车主按起喇叭，催促对面车赶紧倒出去，可是别克司机根本不为所动。

就这样对峙了好一会儿，宝马车主非常生气，他拿出一本小说，津津有味地看了起来。别克司机见状，从车窗里伸出头来，高声喊道：“喂，老兄，你看的什么书？看完借我看看啊！”一句话把宝马车主逗得哈哈大笑，刚刚的怒气烟消云散。宝马车主心想，在这狭窄的小巷中能遇到这样有趣的人，也是一种缘分，于是他选择倒车，主动让出了去路。

接下来他们冰释前嫌，互相交换了联系方式。通过交谈发现，他们的家离得很近，而且二人也有许多共同爱好。后来，他们成为了无话不谈的知己，时常相约一起出去玩。

当然，在幽默的同时还应注意，不同问题要不同对待，在处理问题时要极具灵活性，做到幽默而不落俗套，不失体面地博得他人一笑，才能有效拉近与他人的关系。

练好幽默力，一语顶千言

幽默是运用诙谐语言抒发情感、传递信息，以引起听众的兴趣，从而感化听众、启迪听众的一种艺术手法。如果我们的言语中能多点幽默，那么我们所说的话将会更加有趣，会吸引更多的人。

幽默是一个人的各种学识、才华、智慧在语言中的集中体现，是一种能力。幽默的语言可以使我们内心紧张消除、重压释放出来，化作轻松的一笑。在沟通中，幽默的语言如同润滑剂，可有效地降低人与人之间的“摩擦系数”，化解冲突和矛盾，并能使我们从容地摆脱沟通中可能遇到的困境。

有一对夫妇带着一个6岁的孩子去租房，他们看中了一处房子，可房东不肯将房子租给他们。原因是她从不将房子租给有孩子的人。夫妇交涉无果，于是6岁的孩子对房东说：“您可以将房子租给我呀，我没有孩子，只有爸爸妈妈。”后来房东真的把房子租给了他们。

孩子从成人的视角看问题，构成了独特的趣味思维形式，让人感受到一种自然天成的天真情趣。

由此看来，幽默的人是从多重视角去透视事件或问题，并找出其中富有情趣的一面，对其进行集中化的语言处理，从而化紧张、严肃为轻松、谐趣。幽默是人类面临困境时减轻精神压力和心理压力的方法之一。契诃夫说过："不懂得开玩笑的人，是没有希望的人。"可见，生活中每个人都应当学会幽默。多一点幽默感，少一点偏执。

幽默可以淡化人的消极情绪，消除沮丧与痛苦。具有幽默感的人，其生活充满情趣，许多看来令人痛苦、烦恼之事，他们却应付得轻松自如。用幽默的方式来处理烦恼与矛盾，会使人感到和谐愉快、友好幸福。那么，怎样使语言富有幽默感呢？不妨试试以下几种方法：

1. 颠倒成趣

把正常的人物关系，或者动机与效果在一定条件下互换位置。

2. 移花接木

把在某种场合下十分恰当的情节或语言，移植到另一迥然不同的场合中，达到"张冠李戴""荒唐可笑"的幽默效果。

> 一位老师正在讲课时，一个调皮的学生突然学起鸡叫，引起全班同学的哄笑。老师却不动声色地看了看自己的手表，然后说："我这个表误时了，没想到现在已是凌晨。"

3. 故意卖关子

首先故意提出一个容易使人产生误解的结论，然后再做出出人意料的分析和解释。

齐景公很喜欢捕鸟，捕到了漂亮的鸟，就派烛邹管理这些鸟。一次，烛邹不小心让一只鸟逃走了。齐景公很生气，要将他斩首。晏子说："烛邹罪大恶极，不能这么轻易杀他，我先列举三条罪状，然后再处死他。"

晏子数落说："你为大王养鸟，却让鸟逃走，这是第一条罪状；你让大王为了鸟就起了杀心，这是第二条罪状；把你杀了，让天下人都知道大王重鸟轻士，这是第三条罪状！好了，大王，将他处死吧！"齐景公听完笑了，然后说："算了！放了他吧。我明白你的指教了。"

晏子故意卖关子，让齐景公误以为他支持惩罚烛邹的决定，没想到最后晏子话锋一转，利用反语为烛邹求情，这种说法方式既幽默又有说服力。

4. 巧设悬念

当你叙述某件趣事的时候，不要急于显示结果，应当沉住气，给听众营造一种悬念。假如你迫不及待地把结果讲出来，或通过表情动作的变化透露出来，幽默便会失去效力，只能让人感到扫兴。

一天，一个香烟经销商在集市上大谈抽烟的好处。突然，从听众中走出一位老人，大声说道："女士们，先生们，对于抽烟的好处，除了这位先生讲的以外，还有三大好处呢！"

商人一听这话，连连向老人道谢："先生，看您相貌不凡，肯定是位学识渊博的老人，请您把抽烟的三大好处给大家讲讲吧！"

老人微微一笑，说道："第一，狗害怕抽烟的人，一见就逃。”台下一片轰动，商人不由得心里暗暗高兴。“第二，小偷不敢偷抽烟者的东西。”台下听众感到好奇，而商人很高兴。“第三，抽烟的人永不老。”台下听众惊诧不已，而商人更加喜不自禁。

听众中要求解释的声音一浪高过一浪。老人把手一摆，说道：“请安静，我给大家解释！”商人格外兴奋，催促老人快说：“老先生，请您快讲！”

“第一，抽烟之人驼背的多，狗一见到他认为是在弯腰拾石头打它，能不害怕吗？”台下听众笑出了声，商人心里一惊。“第二，抽烟的人夜里爱咳嗽，小偷以为他没睡着，所以不敢去偷。”台下听众一阵大笑，商人大汗直冒。“第三，抽烟人短命，所以没有机会衰老。”台下听众哄堂大笑。此时，大家发现商人不知什么时候溜走了。

老人在把听众的胃口吊得足够“高”时，才不慌不忙地把真实意思表达出来，这就是巧设悬念的魅力。

尴尬来了，幽默来挡

由于我们的过失，造成了谈话中间出现了难堪的局面，这时我们不要责备他人，还是找找自己的原因，采用自我调侃的方式低调退出吧。

有一次，10 多年没见的老同学聚会，因为大家都是好朋友，所以说起话来都是直来直去。有一位男同学打趣地问一位女同学说：“听说你的先生是大老板，什么时候请我们到大酒店吃一顿。”他的话刚说完，这位女同学有点不安起来。原来这位女同学的丈夫因发生意外去世了，但这位开玩笑的男同学并不知道，因而玩笑开得过了一点。旁边的一位同学暗示他不要说了，谁知这位男同学偏要说，旁边的那位同学只得告诉他真实的情况，这位男同学听后可谓无地自容，非常尴尬。不过他迅速回过神，先是在自己脸上打了一下，之后调侃地说："你看我这嘴，几十年过去了，还和当学生时一样没有把门的，不知高低深浅，只知道胡说八道。该打嘴！该打嘴！"女同学见状，虽有说不出的苦涩，但仍大度地原谅了老同学的唐突，苦笑着说："不知者不为怪，事情过去很久了，现在可以不提它了。"男同学便忙转换话题，从尴尬中解脱出来。

当我们处于类似的由于我们自己的原因，造成不好下台的局面时，最好的办法就是：不要死要面子活受罪，可以采用自我调侃的办法，来得真诚一点，像上面的那位男同学，表达自己真诚的歉意，而对方也不会喋喋不休地责备我们，相反还会因为我们的真诚，一笑而置之。

在"3·15 晚会"上，一个演员唱乐亭大鼓时出现失误，鼓板没打几下，鼓却一下子落在了地上。场下一片哗然，观众们交头接耳，议论纷纷。

一旁的主持人看到这种情况，利用演员弯腰捡鼓的时机，亲切地说："各位，今天这个节目是临时加的，这位演员没来得及带自己的鼓，用的是别人的，看来这鼓有点认生。"

主持人的一句话马上缓解了现场紧张的气氛，观众们都对他心生佩服。

接下来，一位杂技演员表演《踩蛋》。不凑巧的是，他也没有发挥好，一不小心踩坏了脚下的一个鸡蛋。观众全都看见了，演员很不好意思，马上又换了一个鸡蛋。

主持人再次出来打圆场，说："为了增加艺术效果，证实鸡蛋是真的，所以我们的演员故意踩碎一个给大家看。"场下的观众都笑了起来。

谁知，没过一会儿，演员又踩碎了一个鸡蛋。观众的目光都聚集在主持人的身上，都想看看他这回怎么说。

只见主持人无可奈何地叹了口气，说："唉，社会上的伪劣产品屡禁不绝，看来不抓不行了——连母鸡都生产劣质产品！"

主持人既紧扣晚会主题，又缓解了现场紧张的气氛，让演员们摆脱了尴尬。

在有些尴尬的场合，运用自嘲能使自尊心受到保护，而且还能体现出说话者宽广大度的胸怀。

在魏晋时期有一个嗜酒如命的文人，他就是"竹林七贤"之一——刘伶。

刘伶矮小瘦弱，可谓其貌不扬。他虽然是文人雅士，但是，他个性狂放不羁，平日里非常喜欢饮酒，恨不得每天泡在酒缸里。他吃饭离不了酒，睡觉离不了酒，上厕所也离不了酒，甚至连打架都和酒有关系。

有一天，刘伶又一次喝醉了，随后他与一个人发生了争执。对方看刘伶喝得烂醉还咄咄逼人，口中念念有词，气得捋起袖子，伸出拳头，准备好好修理他一顿。

刘伶并不打算和那人动武，因为身材瘦弱的他根本打不过人家。可是对方怒气冲冲的样子着实吓到了他，他又急又怕，顿时酒醒了一大半。

不过，刘伶却装出一副气定神闲的样子，他把自己的上衣掀了起来，露出一排排清晰可见的肋骨，然后慢条斯理地对那个人说："我说小老弟啊，你看我这么瘦，像鸡肋一样，你要是打过来，拳头也不会舒服啊！"

那人听完刘伶的话，不由得大笑出声，看着刘伶那骨瘦如柴、让人毫无欣赏欲望的干瘪身躯，果然没有继续纠缠就转身离开了，留下了虚惊一场的刘伶。

刘伶急中生智，懂得拿自己开玩笑来缓解争执的矛盾，他这种自嘲的方式起到了"四两拨千斤"的作用，让他免去了一顿皮肉之苦。

尴尬场合，运用自嘲可以平添许多风采。当然，自嘲要避免采取玩世不恭的态度。具有积极因素的自嘲包含着自嘲者强烈的自尊、自爱。自嘲实质上是当事人采取的一种貌似消极，实为积极的促使交谈向好的方向转化的手段而已。

试着用幽默的方式提意见

想要向别人表达不满或者其他意见却又不想直接说时，我们可以将幽默融入到意见中，这样既不伤人，又能达到预期的目的。

工作和生活中经常会出现有一些让人不能认同的做法，如果理直气壮地说出自己的想法，甚至略带指责的语气，那么对方不仅无法心悦诚服地接受你的意见，还会认为你是个自大狂。此时不妨换个方式提意见，将幽默融入你的意见之中。

当遇到令人不痛苦的事情时，利用幽默来表达自己的意见，双方相互一笑，事情也就过去了。

杨小姐是一家餐厅的服务员，时常遭遇客人的刁难。一天，餐厅来了一位喜欢挑剔的女士，点了一份煎鸡蛋，正好是杨小姐接待的。女士对杨小姐说："我要的煎鸡蛋和别人的不一样，蛋白要全熟，但是蛋黄要生的。放少许盐，放少许胡椒粉。最重要的是，鸡蛋一定要是乡下散养的柴母鸡刚刚下的新鲜鸡蛋！"

杨小姐听过她的诸多要求后，气得不行，但是她没有用不满的语气提出意见，而是出乎意料地说："您提出的这些要求我都记下了，但是对于您所要求的那只下蛋的母鸡我还要确认一下，它的名字叫小美，您看合适吗？"

故事中，杨小姐没有直接表达她对这位挑剔女士所提的苛刻要求的不满，而是顺着对方的思路，提出了一个更不符合逻辑的可笑问题来提醒对方：她的要求实在是过分，根本无法满足。

杨小姐所说出的任何一个字都没有伤及对方，这样不但提出了意见，而且也维护了那位女顾客的自尊。试想，在这种情况下，那位挑剔的女士还会因为对母鸡的名字的不满而继续挑剔吗？

让幽默增添自身的魅力

所有的人都会年华已逝，青春不再。但岁月只能风干肌肤，而睿智和幽默的魅力却不会减去分毫。

乔羽不但歌词写得好，而且话也说得妙，乔羽的幽默诙谐、能“侃”会说在京城文艺圈内久负盛名。

据报载，某年6月中旬，中国民族声乐比赛初评在武汉举行，乔羽是评委之一。在有“火炉”之称的武汉听一天录音，对65岁的乔羽可不轻松。为了解乏，乔羽不断地抽烟，一边抽还一边念念有词：“革命的小烟天天抽……革命的小烟天天抽……”同为评委的歌唱家邓玉华为乔羽补充了三句，这样成了一首打油诗：“革命的小烟天天抽，遇到难事不犯愁。袅袅青烟佛祖嗅，体魄康健心长寿。”乔羽听罢，微微一笑，他联想到邓玉华每餐节食的情景，也回敬了一首打油诗：“革命的小姐天天愁，腹围过了三尺九。干脆天天吃肥肉，明天又到四尺九。”众人听后都捧腹大笑，连日来的劳累顿时烟消云散。

乔羽不是美男子，由于头发稀少，不熟悉他的人，往往容易将65岁的乔羽判断为七八十的老人。但乔羽从未感到自己老了，他说：“我从18岁就开始脱发了，看来是不会再长了，索性毛全掉光，成了老猴子，倒用不着理发了。我心里从没有感到老。年龄是你的一种心理上的感受，你觉得自己老了，即使年轻也真的老了；你觉得自己还年轻，即使老了你也还年轻。”

上面的故事充分展示了乔羽乐观向上的精神面貌，他善于幽默，他用自嘲的手法跟自己开起了玩笑，不言头发而称“毛”；并自喻“老猴子”，让人闻之不禁莞尔，而“倒用不着理发了”一句则在幽默之中透露出了乔羽的豁达心境。

幽默的魅力，仿若空谷幽兰，你看不到它盛开的样子，却能闻到它清新淡雅的香味；幽默的魅力，又如美人垂帘，人不能目睹美人之芳华，却能听到美人的声音，间或环佩叮咚，更引人无限遐思。

启功先生的前半生可以说充满坎坷和艰辛，1岁丧父，母子二人便由祖父供养。10岁时，他祖父过世，家道中落，一贫如洗，再无钱读书，由于得到祖父门生极力相助，才勉强读到中学，但尚未毕业。由于个性坚强，不愿再拖累别人，便决心自谋生路。经祖父的门生傅增湘先生介绍，认识辅仁大学校长陈垣，经陈垣介绍到中学任教，但工作因没有文凭而被炒。他却没有绝望，一边靠卖字画为生，一边自学，最后终于在辅仁大学谋到一个教职。此后，在陈垣校长的耳提面命之下，取得长足进步。然而，他命途多舛，后来又经过无数人生历练，也因此他不仅在艺术上取得了非凡的成就，在心灵上步入了大彻大悟之境。

启功先生成名之后，便经常有人模仿他的字画在市面上出售。有一次他和几个朋友走在大街上，路过一个专营名人字画的铺子，有人对启功说："不妨到里面看看有没有你的作品。"启功好奇，大家就一起走进了铺子，果然发现好几幅"启功"的字，字模仿得也真够到家，连他的朋友都难以辨认，就问道："启老，这是你写的吗？"启功微微一笑赞道："比我写得好，比我写得好！"众人一听，全都大笑起来。谁知说话之间，又有一人来铺里问："我有启功的真迹，有要的吗？"启功说："拿来我看看。"那人把字幅递给他。这时，随启功一起来的人问卖字幅的人："你认识启功吗？"那人很自信地说："认识，是我的老师。"问者转问启功："启老，你有这个学生吗？"那人一听，知道撞到枪口上了，刹那间陷于尴尬、恐慌、无地自容之境，哀求道："实在是因为生活困难才出此下策，还望老先生高抬贵手。"启功宽厚地笑道："既然是为生计所害，仿就仿吧，可不能模仿我的笔迹写反动标语啊！"那人低着头说："不敢！不敢！"说罢，一溜烟地跑走了。同来的人说："启老，你怎么让他走了？"启功幽默地说："不让他走，还准备送人家上公安局啊？人家用我的名字，是看得起我，再者，他一定是生活困难缺钱，他要是找我借，我不是也得借给他吗？当年的文徵明、唐寅等人，听说有人仿造他们的书画，不但不加辩驳，甚至还在赝品上题字，使穷朋友多卖几个钱。人家古人都那么大度，我何必那么小家子气呢？"启功的襟怀比之古人，可以说是有过之而无不及。

幽默的语言来自纯洁、真诚和宽容如大海般的心灵，是生命之中的波光艳影，是人生智慧之源上绽放的最美丽的花朵，是人们能够从你那里享受到的心灵阳光。

把"幽默"加在你的日程表上

为了应对人生大大小小的挑战，你需要力量——不论你是为人父母或是为人子女，是教师或是学生，是售货员或是消费者，是老板或是职员，是上司或是下属，幽默都能赋予你战胜困难的力量。

幽默的力量体现在沟通上，就像我们打开电灯开关，电流便沿着电线输送到机器上一样，只要按下幽默的按钮，也能促使一股特别的力量源源而来。我们可以把这股幽默的力量导向他人，并与他人直接沟通。

一位年逾80岁的老先生在接受身体检查时说："医生，你可记得上回你说我有一大堆毛病，说我得学会和这些毛病生活在一起？包括我的关节炎、视力减退、重听、高血压。"

医生回答说："信任我吧，你很快就能学会和这些毛病生活在一起的。"

"我知道。"老人也同意，"现在，我在想，你是不是可以再加一项，加上一个20岁的妻子！"

把"幽默"加在你的日程表上，学会去生活，以轻松的心情面对自己，而以严肃的态度面对人生，掌握你自己的幽默力量。

1. 幽默是烦恼生活的开心剂

生活中绝非全是幸福，与幸福相对的就是烦恼，这是一对孪生的兄弟，谁也离不开谁。一般的家庭，遇上烦恼的事情，往往是一方发火，甚至双方发火，发展到大吵一场，从而带来更大的烦恼和不快。幸福的家庭同样也有烦恼，只不过解决的方法不同，他们在理性解决烦恼问题的同时，往往还运用幽默的手段，化烦恼为欢笑。

2. 幽默是趣味生活的添加剂

生活需要趣味，而且是各种各样的趣味，于是世界便有了层出不穷的志趣、理趣、情趣、谐趣、童趣、野趣、真趣、闲趣、文人雅士之趣、市井小民之趣、渔夫樵子之趣、田园牧歌之趣，还有猫之趣、狗之趣、花鸟鱼虫之趣，如果再加上幽默，我们不妨称它为“幽默趣”。

幽默是趣味生活的添加剂，生活中存在着幽默，关键是你能不能发现它。

幽默是艰苦生活的调味剂。生活有时是相当艰苦的，有幽默感的人善于苦中作乐，用幽默作为艰苦生活的调味剂，鼓励自己克服困难，渡过难关。

3. 幽默还是天伦生活的合成剂

俊俊平时不喜欢学习，每次考试成绩总是不理想，父亲经常为此事犯愁。

这年期末考试，俊俊考了全班第30名。父亲看了成绩单，露出失望的神情。

俊俊问父亲：“1和30，哪个大？”“当然是30大。”爸爸不假思索地回答。

俊俊接着问：“那么我考试排第30名，不是比第1名好吗？”

这则幽默的小故事告诉我们这样一个道理：不要强求子女学习，因为不可能所有的学生成绩都是100分，有时要“顺其自然”，这样“天伦”之间才有“乐”可言。

第四章

赞美的力量：迅速拉近人际关系

对男人和女人采取不同的赞美

人人都渴望被别人赞美，但男人和女人的需要是不同的。

男人要面子好虚荣，多表现在追逐功名、显示能力、展示个性以显潇洒和能人之形象方面。而女人则表现在对容貌、衣着的刻意追求或身边伴个白马王子以示魅力方面。男人要面子好虚荣，他们对此毫不遮掩，有时甚至坦率得令人吃惊，而女子则总是遮遮掩掩、羞羞答答；女性对于面子、虚荣还有几分保留，而男子则是全力以赴去追求面子，好似他的人生目的就是追求面子一般。男人的面子千万不要去伤害、破坏，否则便万事皆休、一切都了——友谊中断、恋爱告吹、生意不成、升官无望、职称泡汤。因此对男人和女人要采取不同的赞美方式。

作为男人更要会赞美女人，最好能够做到张口也赞闭口也赞，这样，你才能在女人面前受欢迎，使你魅力无穷。

男人赞美女人是对女人的肯定，更是对女人魅力的一种欣赏。在男人眼里，女人身上总有美丽动人之处，或者是皮肤细腻，或者是身材苗条，或者是眉目含情，或者是穿着得体。所以你一定要善于去发现、去捕捉她的美。许多女人都会对自己的缺憾有所了解，但她们也十分了解自己的动人之处，只要你能慧眼独具，赞美得体，你一定会博得她的赏识与青睐。

当今社会注重个性，夸赞一个女人有个性已成为一种时尚。固执的性格可当此人有个性来称赞，孤傲的性格也可以用有个性来称赞，像男人一样不拘小节、有些泼辣的女性也能用有个性来称赞。只要是稍稍区别于大众的性格，你用“个性”二字来赞她，无论是哪种女性，她都会觉得你这个人很有品位。

现代社会，在各种事业中女人都表现出了非凡的能力。她们不仅能把自己分内的事完成得十分得体，还会凭她们细心的洞察力去发掘工作中出现的问题，把各部门的事情都安排得十分妥当，在某些方面工作能力大大地超越了男性。而女人在取得很大的成就时，她是需要被这个社会所肯定的。她们希望这个社会能认同自己，肯定自己的能力，也希望在男人眼中她们不再是处处依附于男人的人，而是能够独当一面，把事情处理得完美无瑕的人。于是，她们就需要男人的赞美，希望自己所做到的能够得到男人的认同与赏识。如果，你是她的老板、上司，或是同事，你可千万别忽视她的业绩，常常激励她、赞美她，换取她更大的工作积极性吧！

除此之外，生活中女人们的能力也值得你一赞。日常家务，如烧饭做菜、收拾房间、照顾孩子，这些虽是一些细小的事情，但却能表现出女人的动手能力、审美能力、教育能力。只要你在日常生活中也不忘记赞美一下女性，你定会得到女性们的一致好评。

人们都说女人是用耳朵来生活的，赞美是女人生命中的阳光。然而，男人也一样，他们一样喜欢听到他人对自己的肯定和赞美，因为这会让他们有一种成就感，并由此充满自信。可以说，恰到好处的赞美是打在男人身上的一剂强心剂。你可以从以下几个方面对男人进行赞美：

1. 赞美他是成功的男人

传统社会对男性角色的定位为挑家立业者，这使得男人非常在乎自己在别人心目中的形象，任何人对他的工作做出的评价都会让他反应敏感。因此，无论男人从事的是怎样的工作，他都希望能得到别人的认同。

不过你得注意，不管一个男人有多成功、多得意，他内心深处最渴望的还是别人的理解和关怀。一般的理解和关怀都是无可厚非的，可一定要注意把握分寸。特别是女性，过犹不及，说得太夸张、太过分、太直白就会被人当成追逐名利、爱慕虚荣的女人，会成为男人心底讨厌的势利女人。因此，即使是赞美，也要掌握分寸。

2. 赞美他是一位绅士

所谓风度，是男人在言谈举止中透出的一种味道。不要以为男人真的是散漫随意、潇洒不羁，其实他们是很在乎别人对自己举止的评价的。曾经有一位女士说起她和男友分手的原因，只因为她在一次朋友聚会上调侃了一下男友，就大大伤害了对方的自尊心，扔了句："既然你认为我没风度，那么分开好了。"

事实也如此，行动比语言更有说服力，只有当女方对对方的举止言谈很满意、很欣赏时，女方才会爱上他。而在这方面赞美男人的聪明之道，也是拿他和别的男人比较，表现出你的欣赏。一位范先生说："有一次，我和女友乘出租车，下车后我替她打开车门，她说她以前遇到的男人从不知道什么是绅士风度。这句话极大地满足了我的自尊心，也让我觉得自己是个很受欢迎的男人。"

3. 赞美他仪表堂堂

许多男性承认，他们在关注女人闭月羞花之貌的同时，也希望自己貌比潘安。但是同样因为社会角色定位，男人特别害怕女人把他们当作绣花枕头，因而他们对女人对他们外在形象的夸赞是特别敏感的，让女人兴奋的"你长得真漂亮""你穿得真好看"之类的话，会让男人觉得特别不舒服，按他的理解，这里透着一种嘲讽，好像说："你有些娘娘腔，你怎么像女人一样爱打扮。"

所以说，若真的想对男人表达你对他外在形象的欣赏，还需审时度势。但你可以对他的某个部位做出较高的评价，例如，你的鼻子好有特点等。

给他最想要的赞美

在一个人所走过的人生道路中，有无数让他们引以为自豪的事情，这些都是一个人人生的闪光点。这些东西又会不经意地在他们的言谈中流露出来，例如，“想当年，我在战场上……”“我年轻的时候……”，等等。对于这些引以为荣的事情，他们不仅常常挂在嘴边，而且深深地渴望能够得到别人由衷的肯定与赞美；对于一位老师而言，引以为荣的往往是由他教过的学生在社会上很有出息，你为了表达对他的赞美，不妨说：“你的学生 ××× 真不愧是你的得意门生啊！现在已经自己出书了”；对于一位一生都默默无闻的母亲，引以为荣的往往是她那两个有出息的孩子，你如果对她说你有福气啊，两个儿子都那么有出息，她一定会高兴不已；对于老年人来说，他们引以为荣的往往是他们年轻时的那些血与火的经历。

真诚地赞美一个人引以为荣的事情，可以更好地与之相处。

乾隆皇帝喜欢在处理政事之时品茶、论诗，对茶道颇有见地，并引以为荣。有一天，宰相张廷玉精疲力竭地回到家刚想休息，乾隆忽然来造访，张廷玉感到莫大的荣幸，称赞乾隆道：“臣在先帝手里办了 13 年差，从没有这个例，哪有皇上来看下臣的！真是折煞老臣了！”张廷玉深知乾隆好茶，命令把家里的陈年雪水挖出来煎茶给乾隆品尝。乾隆很高兴地招呼随从坐下，“今儿个我们都是客，不要拘君臣之礼。生而论道品茗，不亦乐乎？”水开时，乾隆亲自给各人泡茶，还讲了一番茶经，张廷玉听后由衷地赞美道：“我哪里省得这些，只知道吃茶可以解渴提神。一样的水和茶，却从没闻过这样的香味。”另一位大臣李卫也乘机称赞道：“皇上圣学渊源，真叫人瞠目结舌，吃一口茶竟然有这么多的学问！”乾隆听后心花怒放，谈兴大发，从“茶乃水中君子、酒乃水中小人”开始论起“宽猛之道”，真是妙语连珠、滔滔不绝，众臣洗耳恭听。

乾隆的话刚结束，张廷玉赞道：“下臣在上书房办差几十年，两次丁忧都是夺情，只要不病，与圣祖、先帝算是朝夕相伴。午夜扪心，凭天良说话，私心里常也有圣祖宽，世宗严，一朝天子一朝臣这个想头。我为臣子的，尽忠尽职而已。对陛下的旨意，尽力往好处办，以为这就是贤能宰相。今儿个皇上这番宏论，从孔孟仁恕之道发端，譬讲三朝政纲，虽然只是三个字‘趋中庸’，却发聋振聩，令人心目一开。皇上圣学，真是到了登峰造极的地步。”其他人也都随声附和，乾隆大大满足了一把。张廷玉和李卫作为乾隆的臣下，都深知乾隆对自己的杂经和“宏论”引以为豪。而张李二人便投其所好，对其大加赞美，达到了取悦皇帝的目的。

没有人不会为真心诚意的赞赏所触动。有一位教授曾对人讲述过自己所经历过的一件事：

有一年夏天，天气出奇的热，他走进拥挤的列车餐车去吃午饭，在服务员为他介绍菜单的时候，他不由得感慨说：“今天那些在炉子边烧菜的厨师们一定够遭罪了。”那位服务员听后吃惊地看着他说：“上这里来的人，要么抱怨食物不可口，要么就是指责服务不够周到，要不就是因为天气热大发牢骚。感谢您能如此理解我们。”教授说：“大多数人想要的，是一点作为人所应享有的被关注。而人们想要别人来关注的地方往往是自己所能忍受下来的痛苦，正如夏天在火炉旁烧菜的煎熬。”

一个人到了晚年，人生快要走到尽头了，当他回首往事的时候，更喜欢回味和谈论自己曾经历的那些大风大浪，希望得到晚辈的赞美和崇敬。

一位已经 80 多岁的老人，一生中最大的骄傲便是独自一个人将 7 个孩子养大成人，现在一个个孩子都成家立业了。他经常自豪地对孙子们说：“你奶奶死得早，我就靠这两只手把你爸他们几个养大成人，真是不容易啊。”每当这时，如果他的孙子能乘机美言几句，老人就会异常高兴。

抓住他人最胜过别人的、最引以为豪的东西，并将其放在突出的位置进行赞美，往往能起到出乎意料的效果。

一次，曾国藩用完晚饭后与几位幕僚闲谈，评论当今英雄。他说：“彭玉麟、李鸿章都是人才，为我所不及。我可自许者，只是生平不好谀耳。”一个幕僚说：“各有所长：彭公威猛，人不敢欺；李公精敏，人不能欺。”说到这里，他说不下去了。曾国藩又问：“你们以为我怎样？”众人皆低头沉思。忽然走出一个管抄写的后生过来插话道：“曾师是仁德，人不忍欺。”众人听了齐拍手。曾国藩十分得意地说：“不敢当，不敢当。”后生告退而去。曾国藩问：“此是何人？”幕僚告诉他：“此人是扬州人。入过学，家贫，办事谨慎。”曾国藩听完后说：“此人有大才，不可埋没。”不久，曾国藩升任两江总督，就派这位后生去扬州任盐运使。

他人最想要的赞美一定是真诚的，不是那种公式般的赞美，千篇一律，最让人反感。

“久仰大名，如雷贯耳，您的生意一定发财兴隆”，“小弟才疏学浅，一切请阁下多多指教”，这些缺乏感情的赞美，若从谈话的艺术观点来看，非加以改正不可。而言之有物是说一切话所必具的条件，与其泛泛地说久仰大名、如雷贯耳，不如说“您上次主持的讨论会成绩之佳，真是出人意料”等话，直接提及对方的工作成绩；若祝贺别人生意兴隆，不如赞美他推销产品的努力；泛泛地请人指教是不行的，你应该择其所长，集中某点请他指教，如此他一定高兴得多。

赞美的话一定要切合实际，到别人家里，与其乱捧一场，不如赞美房子布置得别出心裁，或欣赏壁上的一幅好画，或惊叹一个盆栽的精巧。若要讨主人喜欢，你要注意投其所好，主人爱狗，你应该赞美他养的狗，主人养了许多金鱼，你应该谈那些鱼的美丽。赞美别人最近的工作成绩，最心爱的宠物，最费心血的设计，这比说上许多虚泛的客套话更佳。

有的时候并不是什么伟大举动才值得让人赞美，相反，一些微乎其微的小事更值得你给予肯定和称许。

如果某天早晨，你的丈夫偶然一次早起为你准备好了早餐，你不妨大大赞美他一番，那他今后起床做早餐的频率将会更高；如果你的孩子，有一天非常小心地在家做好了晚饭等你回家，当你回到家中，不要因孩子脸上的污渍而吃惊，也不要为已经摔碎的碗碟而惋惜，先要将孩子赞美一番，即使孩子所炒的菜让人难以下咽，因为你的赞美可以让孩子所做的下顿或者是下下顿饭变成美味；在公司，如果某位职员，记述你口述的信件，速度比你想象的要快，不妨表扬他一下，今后他的工作就一定会更加卖力。

这样说，让赞美与众不同

“喜新厌旧”是人们普遍具有的心理。陈词滥调的赞美，也是很没劲的；新颖独特的赞美，则使人回味无穷。

1. 耳目一新的语言

赞美是所有声音中最甜蜜的一种，赞美应该给人一种美的感受。新颖的语言，是有魅力的，有吸引力的。简单的赞扬也可能是振奋人心的，但是一种本来是不错的赞扬如果多次单调重复，也会显得平淡无味，甚至令人厌烦。一个女人就曾说过，她对别人反复说她长得很漂亮，已经感到很厌烦，但是当有人告诉她，像她这样气质不凡的女人应该去演电影，她笑了。

有一部国外的电视连续剧，父亲走入厨房看女儿做饭，他对女儿说：“如果没有你做的美妙饭菜，就像天上没有星星那么遗憾。”女儿露出了特别快乐的笑容。

新颖的赞语，给人清爽、舒心之感。

毛阿敏在哈尔滨演出时，《当代大舞台》的节目主持人是如此将她介绍给观众的：

主持人：请问毛阿敏小姐，您是从哪里来的？

毛阿敏：哦，我从北京来。

主持人：您像一只美丽的蝴蝶给冰城哈尔滨带来了欢乐，请问这次能做几日停留呢？

毛阿敏：5日。

主持人：我们冰城的朋友热烈欢迎您的到来，愿您与

《当代大舞台》永不分手!

主持人巧借毛阿敏的成名歌曲《思念》来向她发问，亲切而诙谐，同时也激起了演唱者与观众的热情，创造了良好的舞台气氛。

如果主持人只有公式化的套词俗语，那么，观众不但会觉得乏味，毛阿敏也可能会腻味。妙语连珠的赞美，既能显示赞美者的才能，也能使被赞美者更快乐地接受。

2. 不一样的角度

一些人在公共场合谈话时，不知怎样赞美别人，只能跟着别人说话，附和别人的赞美。常言道："别人嚼过的肉不香。"

唐朝末期的大军阀朱温手下就有一批鹦鹉学舌乐于拍马的人。一次，朱温与众宾客在大柳树下小憩，独自说了句："好大柳树!"宾客为了讨好他，纷纷起来互相赞叹："好大柳树。"朱温看了觉得好笑，又道："好大柳树，可作车头。"实际上柳木是不能做车头的，但还是有五六个人互相赞叹："好作车头。"朱温对这些鹦鹉学舌的人烦透了，厉声说："柳树岂可作车头!我见人说秦时指鹿为马，有甚难事!"于是把说"好作车头"的人抓起来杀了。

每个人都有优点和可爱之处。赞扬要有新意。当然你还要独具慧眼，善于发现一般人很少发现的"闪光点"和"兴趣点"，即使你一时还没有发现更新的东西，也可以在表达的角度上有所变化和创新。

对一位公司经理，你最好不要称赞他如何经营有方，因为这种话他听得多了，已经成了毫无新意的客套了；倘若你称赞他目光炯炯有神，风度潇洒大方，他反而会更加受用。

法国某将军屡战屡胜，有人称赞他："你真是个了不起的军事家。"他无动于衷，因为他认为打胜仗是理所当然的事。而当那人指着他的鬓须说："将军，你的鬓须真可与美髯公相媲美。"这次，将军欣然地笑了。

赞美的角度很重要，新颖的角度将起到事半功倍的效果。

央视节目主持人白岩松，他去采访一位知名学者，老学者正卧于病榻，对采访并不热心。白岩松提出的第一个问题却是，请他谈谈年轻时很重要的一段经历。这个问题使老学者十分激动，竟一口气谈了好几个小时，从而白岩松顺利地完成了采访计划。

白岩松找到了一个很好的角度，打开了老学者的话闸。正如每把锁都会有相应的钥匙，每个人都有其独特之处，先要把握好"点"，把握好角度，才能沟通得轻松、顺畅。

3. 新鲜的表达方式

赞美他人，在表达方式上是可以推陈出新、另辟蹊径的。

在一个地铁站的门口，经常蹲着一个落魄的中年人，在他面前放着铅笔、橡皮之类的文具。由于他衣衫褴褛，看起来非常落魄，所以大家都把他当成乞丐，时不时还会有人施舍硬币给他。

这天，一位企业家经过他的身边，随手丢给他十元钱，然后转身离开。

忽然，他又调头回来，从中年人脚下拿走几根铅笔，并抱歉地说忘记拿走自己买的东西。最后他还说："我和你一样，都是商人啊。我们都不会做亏本的买卖，不是吗？”

几个月后，一位穿戴整齐的推销商在地铁门口遇见了这位企业家，并自我介绍说：“您可能忘了我，但我永远记得您。您就是那个给我赞美，给我自尊的人，我一直觉得自己是个卖文具的乞丐，直到您告诉我，我是一个商人为止。托您的福，我意识到自身的价值了。”

这个企业家用一种不露痕迹的赞美，让中年人鼓起勇气，重拾自信，并且找到了人生目标。

表达赞美的方式有很多，要针对不同人、不同场合、不同时间选择最为恰当的方式。选择赞美方式时，既要考虑表达方式的新意，又要考虑对方的感受及最后的效果，综合各方面去思考，将会找到最适宜的表达方式。

怎样表达才不会被认为是“拍马”

如果今天一大早就有人夸你“衣着得体，非常漂亮，有精神”，那么你一天的学习、工作状态一定很好吧。看来小小的一句赞美话起了很大的作用，可以迅速拉近人与人之间的距离，得到别人的喜爱，也可以给他人信心、快乐。

然而生活中一些人偏偏学不会去赞美他人，在他们看来下级赞美领导，被认为是“拍马屁”；男士赞美女士被认为“心怀不轨”。这些想法其实并不是合情理，谁都想要得到别人的肯定与赞同，为什么不试着去赞美一下别人呢？

要赞美他人，先要选好赞美的话题，不可过分夸张，更不能无中生有。对于青年客户，赞美他年轻有为、敢于开拓；对于中年客户，赞美他经验丰富、见多识广；对于知识分子，赞美他知识渊博，刻苦钻研；对于商人，赞美他头脑灵活，生财有道……这些都是恰如其分的，如果赞美一中年妇女活泼可爱、单纯善良可能就会不伦不类，弄不好还会招致臭骂。赞美你的领导发家有方、日进斗金，恐怕你升迁的希望就渺茫了。

清朝的中堂大人李鸿章，位高权重，很多人都想讨他欢心，以便得到他们提携，能升官发财。这一年，中堂大人的夫人要过50大寿，这自然是个送礼的大好时机，寿辰未到满朝文武早已开始行动了，生怕自己落在别人后面。

消息传到了合肥知县耳中，知县也想送礼，因为李鸿章祖籍合肥，这可是结攀中堂大人的绝好时机。但知县囊中羞涩，礼送少了等于没送；送多了吧，又送不起，这下可把知县愁坏了。思来想去拿不定主意，于是请师爷前来商量。

师爷得知知县的心思，满不在乎地说："这还不好办，交给我了。保准你一两银子也不花，而且送的礼品让李大人刮目相看。"

"是吗？快说送什么礼物？"知县大喜过望，笑成了一朵花。

"一副寿联即可。"

"寿联？这，能行吗？"

师爷看到知县还有疑虑，便安慰他："你尽管放心，此事包在我身上。这寿联由我来写，你亲自送去，请中堂大人过目，不能疏忽。"

知县满口答应。

于是知县带着师爷写好的对联上路了。他昼夜兼程赶到北京，等到祝寿这一日，知县来到李鸿章面前，朝下一跪："卑职合肥知县，前来给夫人祝寿！"

李鸿章看都没看他一眼，随口命人给他沏茶看座，因为来他这里的都是朝廷重臣，区区一个七品知县，李鸿章哪能看在眼里。

知县连忙取出寿联，双手奉上。

李鸿章顺手接过，打开上联："三月庚辰之前五十大寿。"

李鸿章心想：这叫什么句子？天下谁人不知我夫人是二月的生日，这"三月庚辰之前"岂不是废话。于是，李鸿章又打开了下联："两宫太后以下一品夫人。"

"两宫"指当时的慈安、慈禧，李鸿章见"两宫"字样，不敢怠慢，连忙跪了下来，命家人摆好香案，将此联挂在《麻姑上寿图》的两边。

这副对联深得李鸿章的赏识，自然对合肥知县另眼相待，称赞有加。

要赞美他人，就要善于体察人心，了解对方的迫切需要，有的放矢。比如营业员与顾客在商品质量、价格等方面争执不下时，聪明的营业员这时改换话题，称赞这位顾客真有眼光，这衣服款式是最新的，面料也好，特别畅销。再夸她真会砍价，我们这儿从没卖过这么低的价钱。顾客听了一定喜欢，不好意思再争下去，说不定很快就买下来了。看吧，人的心理就是这么奇怪。

要夸别人，应有一种"战无不胜"的信心。人都是有弱点的，再谦虚，再不近人情，再不喜欢听甜言蜜语的人，其实都喜欢别人的赞美，只要恰如其分。

有个笑话，某君是拍马屁的专家，连阎王都知道他的大名。死后阎王见到他，拍案大怒："我最恨你这种马屁精。""马屁精"忙叩头回道："虽然世人都爱被拍马，阎王您公正廉明，谁敢拍您的马屁。"阎王听了，连说："对啊对啊，谅你也不敢拍我的马屁。"

原来每个人都是愿意听好听的，只要你赞美得有分寸，不伤人格，定会博人欢心。

赞美人的话不能过多，多了对方会不自在，觉得你是虚情假意、逢场作戏，因此而不信任你。赞美过多也不利于交谈，在谈话中频频夸对方"好聪明""好有能力"，对方频频表示客气，往往使谈话无法顺利进行。

赞美对方本身不如赞美他的成绩。比如赞美对方容貌就不如赞美他的品位与能力。因为容貌是天生的，无法改变的，而品位与能力是自己后天养成的，表明了自己的价值，是自身的成功。

赞美的话要有新意。不要总空洞无物地夸对方"好可爱""好聪明"，应当有自己的看法与见解。夸别人这件衣服好看，就不如夸她的上衣与裙子的搭配非常巧妙，非常合适，整体效果好。

陌生人刚见面时，可以先赞美他的名字有新意、有内涵，以此拉近距离，展开下面的对话。这种方法可以让人觉得你很友好，很重视他，愿意和他交谈。

留心对方的反应，当对方对你的赞美显得不自在或不耐烦时，就要适可而止了。

褒扬有度，点到为止

几乎每个人都喜欢美食，但即使是自己最爱吃的东西，吃得太多也会觉得腻。赞美也是如此。虽然人人都爱听好话，但是对他人赞美的话语并非就是多多益善。有时候，赞美的话说得过了头，反倒会弄巧成拙。

下面给大家讲的是一个保险销售员过度运用赞美的故事。

一个叫蒋东的保险推销员来到一家小公司去推销业务。进了办公室后，看到老板是个年轻人，蒋东便赞美到："您如此年轻就当上了老板，真的是年少有为啊！在我身边是不太多见的，我能请教一下，您是多少岁开始工作吗？"

"17岁。"

"17岁！天哪，太了不起了，这个年龄时，很多人还在父母面前撒娇呢。那您什么时候开始当老板呢？"

"两年前。"

"哇，才做了两年的老板就已经有如此气度，一般人还真培养不出来。对了，你怎么这么早就出来工作了呢？"

"因为家里只有我和妹妹，家里穷，为了能让妹妹上学，我就出来干活儿了。"

"你妹妹也很了不起呀，你们都很了不起呀。"

就这样一问一赞，都赞到了那位年轻老板的七大姑八大姨，越赞越远了。本来这位老板打算买一份保险的，最后也失去兴趣，不想买了。

后来，蒋东才意识到，自己的赞美过头了。本来刚开始，对方听到几句恭维话，心里很舒服，可是蒋东什么都夸赞，让老板对他的话产生了怀疑，甚至觉得他推销的业务不靠谱，所以打消了购买的想法。

恰到好处、恰如其分的赞美，才是取得事半功倍效果的关键，所以过多的赞美就适得其反了。办公室里常常有这样一群人，他们总是喜欢对着谁都是一阵吹擂，尤其喜欢向上司大献殷勤，以为这样就能够博得上司的好感，从而获得升迁。事实上，这可能也没有起到一点作用，说不定还起了反作用。

某公司有一个特别爱拍马屁的人，只要一看到他们部门经理，就马上赞美一番。无论是经理的发型、领带、衣服、裤子、鞋子等，从头到脚都被他夸奖了一番。他自以为这样就能给经理留下好印象，殊不知，经理每次都被他夸张的赞美弄得很烦，但因为其他同事在场不好发作。

有一次，公司的一个重要的方案交给这个人做，做完后他自我感觉良好，就一直等待着被经理表扬。经理果然喊他到办公室一趟，他以为他终于要被表扬了，说不定还要被提拔，心情很放松。进入办公室，他还没等经理开口，又开始夸赞经理的办公室布置得如何的好，经理这时脸色冷冷地说："你嘴皮子的功夫倒是比你做方案的功夫好多了。看看你做的方案，出了这么多错！"

说赞美的话也有学问，并非是人人都能把赞美的话说得恰如其分。赞美也要适可而止，注意技巧，既能使对方欣然接受，不因为赞美之言过火而心生烦躁，还要赢得对方对自己的好感，以达到其真正的赞美效果。赞美的语言是对别人言行举止或身上的某个细节或者做事的成效的一种表扬。要使用得当，恰到好处，也并非是越多越好，过分的语言，不切合实际的赞美，那就过犹不及了。

赞美其实是一门奥妙无穷的学问，赞美的实质是能够抓住所赞美事物的实质。生活中的有些人经常会犯一些错误，就是见了什么都说好，信马由缰，天花乱坠，不懂装懂。本来的赞美之言，听起来倒像讽刺。作为一个赞美者，赞美不当，就会适得其反。因此，赞美别人一定要适可而止。赞美的尺度掌握得如何，往往直接影响赞美的效果。记住，恰如其分、点到为止的赞美才是真正的赞美。使用过多的华丽辞藻，过度的恭维、空洞的吹捧，只会使对方感到不舒服、不自在，甚至难受、肉麻、厌恶，其结果肯定是不尽如人意。

学会在背后说别人好话

世上背后道人闲话的人不少，大家都很清楚，被说之人一旦知道便会火冒三丈，轻则与其绝交，重则找其当面算账。因此，人们都要引以为戒，不要犯背后说他人闲话的忌讳。但是，背后说人优点，却有佳效。

《红楼梦》中有这么一段描写：史湘云、薛宝钗劝贾宝玉读书做官，贾宝玉大为反感，对着史湘云和袭人赞美林黛玉说："林姑娘从来没有说过这些混账话！要是她说这些混账话，我早和她生分了。"

凑巧这时黛玉正来到窗外，无意中听见贾宝玉说自己的好话，"不觉又惊又喜，又悲又叹"。结果宝黛两人互诉肺腑，感情大增。

在林黛玉看来，宝玉在湘云、宝钗、自己三人中只赞美自己，而且不知道自己会听到，这种好话就不但是难得的，还是无意的。倘若宝玉当着黛玉的面说这番话，好猜疑、使小性子的林黛玉可能就认为宝玉是在打趣她或想讨好她。

背后说别人的好话，比当面赞美别人或说别人的好话，效果要好得多。不用担心，我们在背后说他人的好话，很容易就会传到对方耳朵里去的。

赞美一个人，当面说和背后说所起到的效果是很不一样的。如果我们当面说人家的好话，对方会以为我们是在奉承他、讨好他。当我们的好话是在背后说时，别人会认为我们是真诚、真心说他的好话，人家才会领情，并感激我们。

有一位员工与同事们闲谈时，随意说了上司几句好话："梁经理这人真不错，处事比较公正，对我的帮助很大，能够为这样的人做事，真是一种幸运。"这几句话很快就传到了梁经理的耳朵里，梁经理心里不由得有些欣慰和感激。而那位员工的形象，也在梁经理心里上升了。就连那些"传播者"在传达时，也忍不住对那位员工夸赞一番。

在日常生活中，背着他人赞美往往比当面赞美更让人觉得可信。因为你对着一个不相干的人赞美他人，一传十，十传百，你的赞美迟早会传到被赞美者的耳朵里。众所周知的廉颇与蔺相如的故事就体现了这种赞美方式所产生的重大作用。

蔺相如和廉颇是赵国的重臣，渑池会之后，蔺相如被封为上卿，位居廉颇之上，廉颇心中很不服气，愤曰："我身为大将，有攻城野战的大功，蔺相如只不过靠耍嘴皮子的功劳，而位居我上，我怎甘心位居其下。”并扬言要借机羞辱他。而蔺相如却经常在别人面前赞美廉颇。廉颇得知此事后，非常感动，亲自上门负荆请罪。

可见，间接赞美对于化解矛盾、协调人际关系都大有好处。在日常生活中，如果我们想赞扬一个人，不便对他当面说出或没有机会向他说出时，可以在他的朋友或同事面前，适时地赞扬一番。

当你面对媒体时，适当地赞美你的同行，是一种风度，也是一种艺术。

足球教练陈亦明为人爽朗、心直口快，极善处理与球员、球迷以及媒体的关系。记者问陈亦明："张宏根和左树声都有执教甲A的资历，如何能成为你的助手？"陈亦明先以简明之言道出了"团结就是力量"这个道理，再道出："国内名气比我们大的人不少。一个人斗不过，三个人组合就强大多了。张导是我的老师，左导是我的师兄弟，我们的组合可谓是强强联手、'梦幻组合'。"

张艺谋做人很随和，做导演却极富个性。对另一位名导演陈凯歌，他的评价如下："凯歌是个很出色的导演，我跟凯歌的特点在于：我们都保持自己的个性。这个个性你可以不喜欢、不欣赏，但凯歌从不妥协，他保持他的个性。而中国这样的导演很少。不能因为凯歌的作品没有得奖，就说这说那的，我觉得这是一种短视。"

多在第三者面前去赞美一个人，是使你与那个人关系融洽的最有效的方法。假如有一位陌生人对你说："×× 朋友经常对我说，你是位很了不起的人！"相信你感动的心情会油然而生。那么，我们要想让对方感到愉悦，就更应该采取这种在背后说人好话、赞扬别人的策略。因为这种赞美比一个魁梧的男人当面对你说"先生，我是你的崇拜者"更让人舒坦，更容易让人相信它的真实性。

第五章

拒绝的艺术：既不伤自己又不伤和气

说“不”，没想象中那么可怕

很多人在面对别人的时候，不敢拒绝对方，总是担心拒绝别人会导致一些问题的出现，事实上，往往这些担心都是多余的，比如：

如果拒绝了对方，别人会觉得我很自私；

如果拒绝了对方，别人会和我疏远；

如果拒绝了对方，别人将不再与我来往。

然而，真的是这样吗？其实不然，这些场景在多数情况下都没有真实地发生，而只是发生在你的头脑里。正是因为想象出来的这些可怕场景，让你不敢对别人说“不”，哪怕是非常过分的要求，且心里并不乐意。但是这些压抑的情绪并不会自己消失，一旦被别人察觉到，不仅不会得到别人的感激，没准还会招来怨恨。

结果，自以为的忍让，不仅让自己痛苦不堪，而同时答应别人的事情，也没有能够很好地完成，换来的只有自己的痛苦。殊不知，敢于拒绝别人，才是真正的无私；敢于拒绝别人，才能够换来真正健康的、良好的人际关系。

在职场也是如此，很多人不敢拒绝领导和同事，也是出于一些似是而非的理由：

如果我拒绝了领导，会因此而触犯他；

如果我拒绝了领导，会失去晋升的机会；

如果我拒绝了同事，会损害我的人际关系；

如果我拒绝了同事，会让别人觉得我没有团队意识；

……

事实上往往也并非如此。在职场中，任何一个人的加薪或者升职一定不是因为他做的事情多，一定不是因为他总是在帮助别人，也不是因为他从不拒绝领导。在职场中，如果遇到了以下的三种状况，你最好拒绝对方，这样对你和对方都是负责任的表现：

第一，被安排超出了工作范围以外的事务；

第二，被安排超过了自己能力范围以外的工作；

第三，让自己或者自己的团队的利益受损。

面对这样的状况，如果你不敢拒绝对方，那么你在职场的前途就堪忧了。没有领导喜欢看到自己的下属总是在处理职责以外的事情，没有领导喜欢看到自己的下属做一些让团队利益受损的事情，更没有人希望看到你答应的事情却无力办到。所以说，面对这样的状况，绝对不能够忍气吞声。

小王大学毕业之后，进入一家公司工作，因为是新人，所以常常会被交办很多额外的事务，小王也都尽量很好地做完了。因为他的英语很好，公司有很多标书翻译的工作，又因为专职的翻译常常会出差，或者找理由推托，所以公司同事遇到翻译的事情，都找小王。慢慢地，小王心里也开始产生不满情绪，也会找机会推托掉。

小王本以为多做些事情能够换来一些好的结果，但是公司的加薪名单中却没有小王的名字。小王也明白了这些杂事做得再多，也不能换来自己在领导心中的良好印象。

事实上，小王遇到的情况很多职场新人都会遇到，本以为能够靠多做事来赢得领导的信任，最终却适得其反。小王做了翻译的事情，或许翻译觉得他多管闲事；同事虽然被帮忙了，但是也会觉得小王在逞能；至于领导，也会更加看重他分内工作的完成状况。所以，这些杂事并没有让小王得到好的结果。

小美的遭遇让人同情。她从小受到很好的家教，进入职场之后，遇到了再大的不公平都不会提出不同意见，所以尽管她上班连桌椅都没有，她也默默地接受了现实。她的组长总是让她加班，很多时候都加班到很晚，甚至连周六周日都要加班，这样的状况一直持续了三个月。试用期到期之后，组长对她说："你对工作还不够熟悉，所以你还需要再努力，暂时还不能够转正。"

小美一直认为是自己不够努力，也一直在尽心尽力地努力工作，但是她转正的事情一直也没有定论。直到过了大半年，同事才跟她说，因为她处在试用期，所以组长就能够以带实习生的名义加班，这样能够得到不菲的加班费。

就是因为小美一直忍让，所以才会被组长得寸进尺地要求加班。试想，如果一开始，小美就提出自己的抗议而拒绝这样的无理由加班，那么或许组长看到从她这里不能够拿到好处，早就按照公司规定转正了。

从这些例子中也可以看出，说“不”未必会带来什么严重的后果，但是不会说“不”，却总是会为你带来烦恼。在职场上，如果你总是想回避冲突，不敢据理力争，就会被别人看成逆来顺受，从而得寸进尺。所以，在面对不合理的要求的时候，勇敢地对对方说：“对不起，这样不行！”

及早拒绝，不要拖拖拉拉

现实生活中，如果是朋友请你帮忙，你在拒绝时，除了要有充分的理由之外，还必须注意拒绝的时机和场合。从时机来说，拒绝要趁早，切忌一味拖延。

小姗逛街时，偶遇一位大姐。她是小姗从前的邻居，大姐拉着小姗的手问长问短，然后像发现了新大陆似的，指着她的脸说：“年纪轻轻的，可不能光为了赚钱，忽略了对皮肤的保养。看你啊，眼角都有皱纹了，皮肤也没有光泽……”

大姐的一番话，让小姗感觉脸上火烧火燎的，恨不能一头扎进美容院，来个脱胎换骨。这时，大姐变魔术似的拿出一沓资料，笑眯眯地说：“不如试试这个产品，效果特别好，现在搞活动，价格也优惠不少呢！”

再看看递过来的名片，小姗明白过来，原来这位大姐在搞化妆品推销。小姗本来对这些东西没兴趣，但碍于老邻居的面子，只好接过来，说要拿回去好好看看。

回到家，小姗把资料扔到一边，根本没放在心上。不料，第二天，这位大姐竟拿着两张碟片找到小姗的公司，小姗只好硬着头皮接下来。又过了几天，大姐再次打来电话问："怎么样，选好了吗？"

说实话，小姗根本没时间看碟片，花几千元买套化妆品，她的经济实力也负担不起。后来，她因挨不过大姐的催促，只好说："不好意思，我决定暂时不买。"结果这位大姐第二天就一脸阴沉地过来把碟片拿走了，好像小姗欠了她一大笔钱似的。

通常而言，拒绝的时间，一般是早拒比晚拒好，因为及早拒绝，可以让对方抓住时机争取别的出路。无目的的拖拉，则是一种不负责任的态度。

小姗在这件事上考虑到面子，没有及时拒绝，但后来却影响了自己与老邻居的关系。所以，在向熟人表示拒绝时一定要趁早，一味拖延，反而会使事情更糟，对方会觉得你连最基本的礼节都不懂。

很多人在拒绝对方的时候，因为感到不好意思，而不敢据实言明，支支吾吾，这样会使对方摸不清自己的真正意思，而产生许多不必要的误会。其实，在人际关系的交往中，不得不拒绝是常有的事情，因此搞坏交情的并不多；倒是有些人说话语意暧昧、模棱两可，容易引起对方误会，甚至导致关系破裂。

当然，不管你怎样“委婉”地及早拒绝，对方遭到拒绝总归是不愉快的。怎样才能使对方的这种不愉快减少到最低限度，或者反而使双方的关系更进一步呢？这就要求你的态度要诚恳，不要在公共场合当着其他人的面拒绝人。

拒绝他人的时候，一定要考虑周全，让对方不过于难堪。切不可不管不顾，在众人的面前直接拒绝对方的好意，这样会使对方伤得很深。尤其是拒绝熟人时，从时间来说最好趁早，从场合上来说，最好没有第三人在场，这样可以顾及被拒绝人的颜面和自尊，将伤害降到最低。

如何谢绝对方的好意？

在现实生活中，我们经常会遇到这样的情况：朋友想请我们吃饭，可最近我们因为加班太累，不想应酬，只想倒头大睡；老同学想介绍新朋友给我们认识，可我们却并不想认识；亲戚想介绍优秀的异性给我们，可我们却暂时没有这方面的打算……

当我们面对以上这些类似的情况时，我们到底是应该坦然接受，还是直接拒绝呢？如果接受，又会让自己为难；如果不接受，又伤害了对方。那么，此时我们应该用怎样的方式谢绝对方的美意，才能达到两全其美的效果呢？

特别是当这些好意是来自我们的领导、长辈时，我们在拒绝的时候就更应该注意谢绝的方式和语言。因为此时我们的回话除了要考虑对方的面子和尊严外，还要考虑怎样回话才能让对方心平气和地接受我们的谢绝，同时还不能对我们产生反感。这确实非常考验我们的回话技术。

但是，只要我们掌握了方法，那么合理拒绝对方的好意并不难。

首先，我们要明白对方其实是一片好意，所以我们在谢绝对方的时候一定要委婉，不要太生硬，也不要太直接，以免伤害对方；其次，我们在谢绝对方好意的时候，一定要端正态度，最好是在表达感谢的基础上拒绝对方，而且要强调自己的歉意和遗憾，这样对方才更容易接受我们的拒绝。

下面，我们来看小徐是如何谢绝领导的好意的。

小徐因为工作能力出众，公司准备把她调到销售部，这让小徐很高兴，因为她很早之前就想去销售部了。但是还有一件事也令她很苦恼，市场部经理很想把小徐调到市场部，因为他非常欣赏小徐的工作能力，还开玩笑说要找总经理要人。面对市场部经理的好意，小徐不知道该如何拒绝。

回到家，小徐就给好朋友打电话，诉说自己的烦恼，询问解决的办法。好朋友了解到情况后，就对小徐说："这个问题好办，你照我说的回话，就能顺利地进入销售部，还不得罪市场部经理。"

于是，第二天，小徐对市场部经理说："经理，我真的非常感谢您的赏识，但是我知道自己的工作经验还不够丰富，我怕到市场部后给您丢脸，所以我是这样想的，我想先到销售部好好学习，以此来锻炼我的能力和工作经验。"

市场部经理听到小徐的回话后说："嗯，这也好，无论到哪个部门都是锻炼，小徐，我看好你。"

小徐听到后连忙点头，最后小徐如愿以偿地进入了销售部。

案例中小徐用工作经验不足、不能胜任市场部的工作为由，谢绝了市场部经理的好意，这样的回话方式既没有把话说得太绝对，又拒绝了市场部经理的提议，同时还给足了对方面子，可谓是一箭三雕的好办法。

从上述案例的分析中，我们不难得出一个启示：如果我们想要谢绝对方的好意，首先要先听完对方的话，然后想办法委婉地拒绝对方。需要注意的是，在拒绝对方的时候一定要给对方留一个台阶，这样我们的拒绝就不会显得太生硬、太直接，同时对方也不会感到难堪。

我们在谢绝对方好意的时候，除了要表达自己的拒绝外，还要向对方表达谢意，最后表达歉意，这样的拒绝才堪称完美。例如，"谢谢你的邀请，我真的很开心，但是我妈妈腿骨折了，正在住院，我说好了星期六要去陪她，所以我就不去吃饭了，下次有机会请你来我家尝尝我的手艺。"

当然，我们在谢绝对方好意的时候，也不要把话回得太死。有时候我们也可以适当地运用迂回和拖延的方式，如把"不去"换成"改天吧""有时间我联系你"等。用这样的话回绝对方的好意，可以为我们的回话留有余地，这样对方也会更好受一点儿。

总之，我们在谢绝对方好意的时候，一定要保持态度温和、诚恳，千万不要流露出轻蔑的神情。最重要的是，谢绝的回话一定要态度明确，不能模棱两可，否则对方会弄不清我们的真实想法，进而会对我们产生不必要的误会。所以，只有委婉地拒绝对方的好意，才能让对方更好地接受我们的谢绝。

迂回拒绝，让别人理解并接受

面对别人的要求你不好正面拒绝时，可以采取迂回的战术，转移话题也好，另有理由也好，主要是善于利用语气的转折——绝不会答应，但也不致撕破脸。比如，先向对方表示同情，或给予赞美，然后再提出理由，加以拒绝。由于先前对方在心理上已因为你的同情而对你产生好感，所以对于你的拒绝也能以“可以谅解”的态度接受。

面对亲密之人提出的不当要求时，切忌直接拒绝。尽量使用间接拒绝的方法。从对方的立场出发，阐明自己的观点，就会使对方自然而然地接受了。

拒绝是一种常见的现象，但怎样拒绝而不使人难堪，让人有台阶可下，则有一定技巧。这里列举几种恰到好处又不失礼节的拒绝方式。

1. 体现友好和热情

一位青年作家想同某大学的一位教授交朋友，以期今后在文学艺术创作和理论研究方面能够得到帮助。作家热情地说：“今晚6点，我想请您在海天餐厅共进晚餐，我们好好聚一聚，你愿意吗？”事情真不凑巧，这位教授正在忙于准备下星期学术报告会的讲稿，实在抽不出时间。于是，他微微地笑了笑，又带着歉意说：“对你的邀请，我感到非常荣幸，可是我正忙于准备讲稿，实在无法脱身，十分抱歉！”他的拒绝是有礼貌而且愉快的，但又是那样干脆。

这位教授虽然拒绝了青年作家，但态度热情诚恳，因此，并没有让青年作家产生不快，而是愉快地接受了对方的理由。

要耐心倾听别人的要求。即使他说了一半你就明白此事非拒绝不可，为了确切了解他的用意以及对对方表示尊重，也要听完他的话。拒绝别人时，表情应和颜悦色，最好能多谢对方想到你，并略表歉意，同时说出拒绝的理由。一旦说出理由，则只需重复拒绝，而不应与之争辩。拒绝之后，若有可能和必要，可为他提供其他途径的帮助。

2. 言辞要尽量委婉

东汉光武帝刘秀的姐姐湖阳公主的丈夫死后，她看中了朝中品学兼优的宋弘，就请刘秀撮合其事。一次，刘秀把宋弘叫来，以言相探道："俗话说，'位高换友，富贵换妻'，是人之常情吧？"刘秀运用俗语来试探宋弘，以期得到宋弘的共鸣，让他来娶湖阳公主。而宋弘是个品德高尚的人，不为所动。但在这种情况下，既不能含糊其词，留下后患，又不能直来直去，冒犯皇上。于是宋弘机敏地回答道："我听说，'贫困之交不能忘，糟糠之妻不下堂'，这样才是好的品行，也是皇上所推行的美德吧！"

一句话说得皇上连连称赞宋弘的美德。就这样，宋弘不仅委婉拒绝了湖阳公主，还受到了皇上的重用。

宋弘巧妙地运用引证术，言辞委婉而又毫不闪避地表示了自己的回绝态度，这样不仅没有冒犯皇上，而且还达到了拒绝的目的。

有的人担心拒绝可能引起对方的不愉快，或触怒对方，其实讲究一下拒绝的技巧，采用委婉拒绝，会很大程度上避免和消除以上的疑虑。

3. 拒绝不要太生硬

有些时候别人委托你办的事，但自觉实在是做不到，你就应该很明确地表明态度，说："对不起！我不能接受。"这才是真正有勇气的人。当然，拒绝需要有一定的策略。

甘罗的爷爷是秦国的宰相。有一天，甘罗见爷爷在花园走来走去，不停地唉声叹气。

"爷爷，您碰到什么难事了？"甘罗问。

"唉，孩子呀，大王不知听了谁的教唆，硬要吃公鸡下的蛋，命令满朝文武想办法去找，要是三天内找不到，大家都得受罚。"

"秦王太不讲理了。"甘罗气呼呼地说。他眼睛一眨，想了个主意，说："不过，爷爷您别急，我有办法，明天我替你上朝好了。"

第二天早上，甘罗真的替爷爷上朝了。他不慌不忙地走进宫殿，向秦王施礼。

秦王很不高兴，说："小娃娃到这里捣什么乱！你爷爷呢？"

甘罗说："大王，我爷爷今天来不了啦。他正在家生孩子呢，托我替他上朝来了。"

秦王听了哈哈大笑："你这孩子，怎么胡言乱语！男人家哪能生孩子？"

甘罗说："既然大王知道男人不能生孩子，那公鸡怎么能下蛋呢？”

甘罗的爷爷作为秦国的宰相，面对秦王的无理请求，却又找不到合适的办法拒绝。甘罗作为一个孩童，能如此得体地拒绝秦王，并让秦王不得不放弃自己的无理要求，实在是大出人们的意料。也正因为如此，秦王才有“孺子之智，大于其身”的叹服。以后，秦王又封甘罗为上卿。

当领导提出某种要求而自己又无法满足时，设法造成自己已尽全力的感觉，让领导自动放弃其要求，这也是一种好方法。

比如，当领导提出不能满足的要求后，可采取下列步骤先答复：“您的意见我懂了，请放心，我保证全力以赴去做。”过几天，再汇报：“这几天 ××× 因急事出差，等下星期回来，我再立即报告他。”又过几天，再告诉领导：“您的要求我已转告 ××× 了，他答应在公司会议上认真地讨论。”尽管事情最后不了了之，但你也会给领导留下好印象，因为你已造成“尽力而做”的假象，领导也就不会再怪罪你了。

通常情况下，人们对自己提出的要求总是念念不忘。但如果长时间得不到回音，就会认为对方不重视自己的问题，反感、不满由此而生。相反，即使不能满足领导的要求，只要能做出样子，对方就不会抱怨，甚至会对你心存感激，主动撤回让你为难的要求。

拒绝的方法有许多，一定要看好时机，用最自然的形式将你的本意暗示出来。

拖延，未尝不是拒绝的好方法

拖延不是一个好习惯，它是一个人懒惰、懈怠的象征，很可能让一个人走向失败。可是，在拒绝这个问题上，拖延未尝不是好的方法。当别人提出要求或是寻求你的帮忙时，你一时找不到好的挡箭牌，可又不能立即拒绝，采取拖延的方式，或许就可以解决问题。

吴菲在一次商业朋友聚会上新认识一个朋友，这个朋友对吴菲很有意思，想追求她。于是他就找了吴菲的老板，请老板撮合两人，而吴菲老板也乐享其成，便找了吴菲谈话，询问吴菲的意见。吴菲对这个朋友印象还不错，高大阳光，虽不算帅气，但说话还挺幽默的。于是，她便接受了老板的好意，同意和这个朋友单独见一面。可见面之后，吴菲不仅对这个朋友失去了好感，还对其心生反感——这个朋友自诩幽默风趣，说话却没有分寸。

当时，两人正在咖啡厅说话，他竟然凑过来，指着一个比较肥胖的女人说："你看那个女人，就像一只大笨熊。她怎么不知道保养自己的身材呢？真不知道她老公怎能忍受她？你就比较瘦，我还是比较喜欢瘦一点的女生。"

就这样，吴菲把这个朋友从内心 PASS 掉了，不想继续和他发展下去。可这个朋友却对吴菲非常热情，那段时间每天都约她见面。"今天，我们去吃饭吧！""你今天是否有时间，不如去看电影吧！"而吴菲为了不让老板难堪，没有直接说出拒绝的原因。每当他约自己的时候，她就会说："不好意思，我今天没有时间。""不好意思，我实在太忙了，很晚才能下班。"若是对方说"明天呢？"她则会说明天也挺忙的，和闺密约好了。就这样，吴菲今天拖明天，明天拖后天，几次之后那个朋友也知道了她的意思，不再和她联系。

所以，用拖延的方法拒绝他人，也非常有效。在生活或是工作中，我们若是不想答应别人的要求，或是不能帮助他人，又不好意思直接拒绝，就可以用这种方法。今天拖明天，明天拖后天，对方自然不会再强求。

当然，这是在你没有答应别人之前，若是你已经答应了别人，就应该尽快想办法解决，而不是一再拖延。因为这就是不负责任的体现，更是不守信用的体现。

拖延也可以是一种缓兵之计，在不能直接拒绝的情况下，先拖一拖，我们便可以为自己赢得更多时间。

大胡是一家企业的销售部主任。一天，他正在和一位新客户谈生意，双方交谈非常愉快，马上就能够达成合作协议。可在这关键时刻，一个大客户打电话进来，说有重要问题需要沟通，若是不及时解决就要撤销已经答应的购买合同。

大胡见对方态度坚决，仿佛没有回旋的余地，顿时感到非常着急，想要和客户详细谈一谈，因为这个客户是自己好不容易拿下来的，若是流失了，会对公司造成不小的损失。可是，现在这个新客户怎么办呢？若是让人家等候，恐怕谈判的气氛就会有所改变，快要达成的协议也将泡汤。

于是，大胡决定先和新客户达成协议，然后再处理那个大客户的问题。他没有直接说自己现在不能和他谈话，而是笑着说："既然您有重要问题需要沟通，我当然应该立即跟进。不过，您看电话沟通可能不太合适，也不能体现我的诚意。您觉得我现在就到您公司拜访，面对面为你解答这些问题，如何？”

那个大客户见大胡态度真诚，便答应了他的要求，然后大胡说：“我到您公司需要半个小时的时间，然而我需要让秘书准备相关合约和资料，这也需要半小时。我一个小时后到达您的公司，可以吗？”

其实，大胡根本不需要准备合约和资料，这半小时只是他为自己争取的时间。他知道，这足以让他与新客户达成协议，签订初步的销售合同。

就这样，大胡继续谈笑风生地和新客户协商，并且很快签订了合同。之后，他又立即赶到大客户公司进行面谈，经过商谈之后，才明白原来这客户根本没有打算撤销合同，只是想借此压低供货价格。在大胡的口灿莲花之下，大客户终于被说服，还称赞大胡雷厉风行，善于解决问题。

试想，要是刚开始大胡直接拒绝，说：“不好意思，我现在有新客户，能不能过一个小时再和你沟通？”恐怕这个客户就真的因为不满而解除合约，谁也不想被别人怠慢。正是因为大胡聪明地以“当面沟通”“亲自拜访”为借口，拖延了一个小时，也为自己赢得了时间和机会。可以说，他这个缓兵之计真不失为一种睿智而恰当的做法！

所以，在拒绝这个问题上，拖延并不是逃避，更不是懦弱，而是一种聪明的缓兵之计。在紧急情况下，你不能直接拒绝他人，又不得不拒绝，拖延这个方法便可以为自己解围。

助你驰骋社交场合的实用托词

客户是上帝，一个称职的服务行业的工作者或者是商务职员，都会涉及对客户的服务、和客户的谈判等。

那是不是面对客户，就要有求必应呢？当然不是了，对于一些客户的无理要求，我们还是要学会拒绝的。

但是面对的毕竟是客户，要怎么委婉地表达自己的拒绝呢？

那么，我们应该怎样说好这个“不”呢？首先，在人际交际中，如遇到别人要求我们能力之外或我们不愿意做的事情时，应注意以下几点：

首先，在听到客户无理要求时，不要立马拒绝，这会让客户觉得你死板。

其次，不要轻易地拒绝。如果客户的要求不是太过分，或者是与工作无关的事情，而你又可以帮助到他，这个时候你就要衡量好了，也许你对别人的帮助，会让你多一个朋友。当然，前提是这件事是正当的事情。

再次，即使你听到了不合理的要求，很生气，也要控制自己的情绪，不要一怒之下说了不该说的话，就这样毁了一次合作，是不值得的。还有就是，拒绝别人的时候，态度要友好，让别人觉得你起码不是故意拒绝的。

最后，虽然在这件事上拒绝了别人，如果可以的话，可以在别的事情上给予一些自己力所能及的帮助。这是一种双方都比较理想的境界。

沟通里有一个漏斗原则，通常我们心里想的或许是 100%，嘴里说出来的或许是80%，而别人听到的不会超过60%，听懂的或许仅为40%，可是他按照我们所讲的事情去做时也就只有20%了。所以自己所想的与最终对方根据我们的想法去做的，之间具有很大的差别。这便更需要通过有效的方法，将“不”字传达给相关人员。

我们在拒绝的同时，我们的情绪同时也代表着自己的内心世界，这个“不”字，如何将它传达给对方，我们的情绪是怎样的，都会给对方造成一定的影响。要将我们的拒绝信息传达给对方，并不能仅说一个“不”字，而应该将这一“不”字的过程及内容传达给他。

在职场上，一个好的领导，一个能干的人才，不轻易拒绝别人；即使拒绝，也要有替代，因为要懂得拒绝的艺术。下面这些方法是常用的：

谢绝法：“对不起，我觉得这样做不太合适，不好意思。”

婉拒法：“让我再考虑考虑吧。”

不卑不亢法：“我想我做这件事不太擅长，你还是找更懂这方面的人吧。”

幽默法：“我笨手笨脚的，别坏了你的事，去找更机灵的人吧。”

无言法：运用摆手、耸肩、皱眉、微笑摇头等身体语言和否定的表情来表示自己拒绝的态度。

缓冲法：“我想一下，过几天再给你答复好吗？”

回避法：“这件事以后有机会再说吧，我现在手里有比较急的事。”

严词拒绝法：“真的不行，你别劝我了，我做好的决定就不会轻易改变。”

借力法：“不信你可以问他，这件事我真帮不了你。”

自护法：“你为我想想，我怎么能去做没把握的事？你让我出洋相啊？”

人际应酬时，若能凡事多为他人着想，多给别人留一些尊严、一些体谅，少一点难堪，必能赢得别人长久的爱护。你所认识的每个人都可能会对你的人生有不同的影响，你所经历的每一件事情，都有可能改变你的人生。不要轻易拒绝，但也要学会拒绝。

在谈判过程里，我们一样也会拒绝对方所提的建议。怎样将拒绝的信息传递给对方，却不让对方感觉不舒服呢？开口表示拒绝时一定不要说抱歉，因为你不欠对方什么，而确实是从自身出发不能满足对方的要求，因此没有说抱歉的必要。

在表明意见及感受时，应该要做真诚的处理及有效的沟通。同样的“不”字，通过不同的方式传递给对方，最终的结果是不同的。

不过，很多事情都是说得容易做到难，因为拒绝比接受更难。尤其在职场中，很可能因此得罪别人。一般来讲，我们所面临的请求可能来自部下、上级、同事，或公司以外人员。

这些请求可以大致分为三类：一是与职务有关责无旁贷的；二是虽然与职务有关，但是请求的内容不合时宜或不合情理；三是没有义务给予承诺的请求。而后两类都是不切实际的。当触及自身的合法权益，我们当然要勇敢地拒绝了。

这个时候，拒绝一定要清晰而坚定。不要为对方的几句好话、软话，或者是听似危险不大的说辞所蒙蔽。因为，原则和底线是不能被打破的。

巧踢回旋球，利用对方的观点来拒绝

“以其人之道还治其人之身”，这句老话也可以用在与对方的过招中。什么样的招式都没有以对方的招式武装自己来得更具杀伤力。当你拥有对方的思路和策略，那么想要征服对方的目标已经开始实现。

汽车大王亨利·福特曾说：“从我和他人的很多经验中可以看出，那个所谓的成功的策略就是从他人的角度去考虑问题，用‘推己及人’的思维去看待各种事物。”通用电气公司原总经理欧文·扬也说过：“那些拥有光明前程之人，恰恰是那种有易地而处的思维，能够探究和关注他人心理的人。”

如果我们想把握住他人，就要从他人的观点出发去接近他们才行。其实，这个要点也十分简单。只要我们在说话时稍微注意一下说话的时机和内容就可以了。

陈东从朋友那里借来一台单反相机，被单位的小李看见了。小李有个毛病，看见同事有好玩的东西，一定会软磨硬泡借去玩几天不可，这次看见陈东手里的相机，他果然又想借走。尽管陈东反复说明情况，小李依然不肯放过。陈东想了想，说：“我倒是可以借你，不过我要你向我保证，这相机不能借给别人，你做得到吗？”小李一听，连忙答应道：“当然，我肯定不会失信。”陈东听完，斩钉截铁地说：“我也答应过别人，这台单反相机绝不外借，我也不能失信呀。”小李听完，再也不好意思强辩了。

陈东将“失信”之“球”巧妙地踢给小李，正所谓“以其人之道还治其人之身”，用对方的话去拒绝对方，自然铿锵有力。在日常生活中，我们也可以借鉴这种方式巧妙地回绝他人不合理的请求。当然，我们在回绝他人的时候，语气应该委婉，而且要尽量站在对方的角度说话，这样对方才能乐于接受。

纽约的著名律师马丁·里特尔顿以雄辩而闻名。他也十分清楚地解释过这个原理：“如果不能令与我们交谈的人提起兴趣，或者不能将其折服，也许就是因为我们不能站在对方立场去考虑问题。”

只要是推销过商品的人都知道，一个想法是否成功不只由那个想法本身的性质决定，很大程度上还要看你是以怎样的态度去向他人展示你的想法。

以下这个小故事就说明了一个运用语言来感化他人的道理。

小全的职业是英语老师，平时工作很忙。有一次，她的一个学生家长，拿了一份全英文的资料过来，拜托她给翻译一下，并没有提到酬劳。

小全认为自己不该帮这样的忙，于是十分诚恳地对这位家长说：“我最近有很多课要带，没有足够的精力和时间。如果我来做这件事情，一定会耽误你的进度。我建议你去找最专业的翻译，给他们付费，他们会给你满意的翻译成果。我身边倒有这样的人选，如果你有需要，我可以把她推荐给你。”

家长听了小全的话，马上道歉说：“真是不好意思，我鲁莽找你办事，为你造成了不便。”这位家长还表示，自己愿意采纳小全的建议，找专业的人士来解决问题。

小全把选择的权利重新交还给对方，并且站在对方的立场来考虑问题，给出解决方法，这才是有高情商的拒绝技巧，更有利于关系和谐。

“以其人之道还治其人之身”是拒绝别人的灵丹妙药，如果使用得当，可以让我们迅速从不利的局面中脱身。但正因为它让人无从辩驳的特性，也容易使我们陷入一逞口舌之快的误区，使我们和对方之间结下心结。因此在使用这种方法的时候，一定要注意区分情况，而且说话只需点到为止，向对方表明你的观点即可，千万不要将拒绝升级为口水大战。

第六章

魔鬼说服力：让人生赢在开口

从对方得意的事情谈起

说服其实并非难事，关键在于怎样让对方接受你、不排斥你。因为一般被说服的对象都会对前来说服的人有所排斥和提防。

说服别人前，先谈一些对方得意的事情，往往会令对方心花怒放，自然也会忘记保持距离，此时再进行说服，自然就会容易多了。

1. 讲对方值得终生纪念的事

生活中每个人都有自己认为得意的事情，事情本身究竟有多大价值，且不需深究，而在他本人看来，却认为是一件值得终生纪念的事。

当然，我们还可以向对方提一些问题。这些提问既能表明你对对方话题的关注，又能使对方有机会说出欲说无由的得意之言，也更愿意与你进一步交流。

几名学生要向老教授请教学问，但他们和老教授并不相熟。其中有一个学生对老教授说："老师，您当学生时也一定有值得回忆的校园生活吧？"这让老教授打开了话匣子，向学生们回味着自己当年读研时候的往事，说："你们现在的生活可真丰富，校园内有体育馆，校园外有游乐园。我当年在你们这个阶段，生活的世界里只有课堂、图书馆和宿舍。"

学生们微微一笑，老教授继续说道："不过，那个时候精力都用在读书上也好，搞科研嘛，基础知识不扎实根本无法谈及创新。还记得我的一个课题是关于青藏高原地质变迁的问题，当时我不仅要查自然地理方面的书，还要查很多地质演变与生物演化方面的书。当时科技根本没有现在这么发达，哪里有什么计算机、文献电子稿啊，完全依靠图书馆里纸质的资料，可比你们现在做项目难多喽！"说着，教授停顿了下来，拿起茶杯饮了两口。

这时，其中一个专心倾听的学生礼貌地问道："老师，您当年的研究方向是青藏高原的地质变迁问题，可参考资料却涉及区域内的生物演化，当时是不是很少有人将这两个角度结合考虑？"

听完，教授会心地看了看这位"好问"的学生，然后得意地说道："很多时候，没人想到的地方你想到了，才会有意外的收获，才能够创新。不信，我们来举个现在的例子，就说说你现在的课题吧！"接着，教授在得意于自己创新思考的同时，更为那名巧妙提问的学生进行了很有创意的课题指导……

你如果能预先打听清楚，在有意无意之间很自然地讲到他得意的事情，只要他对你没有厌恶的情绪，只要他目前没有其他不如意的事情，在情绪正常的情况下，他一定会高兴地听你说的，当然此时说服他就容易得多了。

你可以先抛出引子，让对方打开话匣子，使他认为你是他的知己。到了这种境地，他自然会格外高兴，会亲自讲述，你应该一面听、一面说几句表示赞赏的话，如此一来，即使他是个冷静的人，也会变得和蔼可亲，你再利用这个机会稍稍暗示你的意思，进行试探，想要办的事就能在不动声色中办好了。

但是必须注意，对方得意的事情，是否曾遭到某种打击而消灭，如有这种情形，千万别再提起，以免引起对方不快。因为对方在高兴的时候，你的请求，易于接受；在对方不高兴的时候，虽是极平常的请求也会遭到拒绝。比如对方新近做成了一笔生意，你称赞他目光精准、手腕灵活，引得他眉飞色舞，乘机暗示来意，容易达到目的。

2. 讲对方最得意的兴趣爱好

几乎每个人都有自己最得意的地方，比如在兴趣爱好方面。如果在兴趣爱好方面讲得投缘，能使本来很有距离的双方达到某种“共识”，使进一步的交流成为可能。

有个商人新开了一家大型书店，想请某著名书法家为其题字。于是，这个商人和一位朋友去拜访这位书法家。谁知那位书法家为人严肃，平时不苟言笑。坐了半天，除了开头说了几句应酬话，剩下的只是让人尴尬的沉默。

忽然，那个商人看到书法家的鱼缸中养了几条热带鱼，其中几条色彩斑斓，游起来让人眼花缭乱。那个商人知道这鱼叫“地图”，自己也养了几条，还很得意地为朋友介绍过。书法家见那个商人神情专注，就笑着问：“还可以吧？才买的，见过吗？”商人说：“还真没见过。叫什么名字？改天我也养几条呢！”当时他的朋友不解地看看他，心想：“装什么糊涂，你不是上星期才买了几条养在家里吗？”

书法家一听，来了兴致，神采飞扬，大谈了一通养鱼经，那个商人听得频频点头。那位书法家像是遇到了知音，说说笑笑，如数家珍地给他讲每条鱼的来历、名称、特征，又拉着他到书房看他收集的各类名贵热带鱼的照片，气氛顿时活跃起来。他们一直聊到吃过晚饭才走。而在聊天中，那位书法家得知商人的大型书店开张在即，甚至主动提出赠给对方一幅题字，恭贺他生意兴隆。这时，朋友才明白商人说谎的用意。

一句话使书法家前后判若两人，本来几乎陷入僵局的交谈又顺利进行下去了，这都归功于商人从书法家的兴趣爱好中找到切入口。

你在说话的时候当然要注意技巧，表示敬佩，但不要过分推崇，否则会引起他的不安。不过对方的兴趣爱好要从哪里去探听，那当然要另谋途径，试着在你的朋友之中找一下是否有与对方交往的人，如果有，向他探听当然是最容易的。如能留心报纸上的新闻或其他刊物，平日记牢关于对方的得意事情，到时便可以应用。此外，随时留心交际场合中的谈话，像这些时候谈到对方得意的事情，也是很平常的。

3. 夸奖对方的子女

刘晓是一个生意人，他起步比较晚，而且资本也不雄厚，但是他善于外交，和各种人的关系都很不错，应付各种场合都游刃有余，生意也一直很顺利。

有一天，刘晓参加一个饭局，有位张老板要跟他谈一笔大生意，张老板的儿子也在场。刘晓到的时候，父子俩正在抬杠。

“朋友之间的交情，酒越喝越浓厚，而赌钱越赌越淡薄。”张老板骂儿子，“你就是喜欢赌，我每次到赌场去，十次有九次都可以看到你。”

“你不要说别人，你去十次九次可以遇到我，还有一次遇不到，说明你比我多一次！”小张讽刺道。

“你这孩子，没大没小！”张老板气得直拍桌子，“都这么大人了，还没有规矩，顶嘴闹事。”

刘晓看他们一团糟糕，觉得非常好笑。老张对刘晓说：“这孩子，从小就被他妈惯得厉害，让刘老板见笑了。”

“张老板您说的哪里话，我倒是觉得，这位小老弟仪表堂堂，说话有理有据，是一个难得的外交人才，做事肯定会很漂亮的。”

这句话说得张老板很高兴。他正经地说道：“刘兄啊，‘玉不琢，不成器’，我这个孩子，只会要些聪明，得好好磨炼磨炼。”

此后生意场上的事，一切水到渠成。

在父母眼里，再不成器的子女都是自己的心头肉。别人夸赞自己的子女，这是他最为得意的时刻。谈话人懂得灵活应对、察言观色、看人说话，有这种功夫的人，不管去到哪儿，都容易得到他人的肯定和帮助。

不过你在说服别人时，第一，要看时机是否成熟，第二，说服过程中要不卑不亢。过分显出哀求的神情，反而会引发对方藐视你的心理。尽管你的心里十分着急，但说话表情还是要表现得大方自然，不要只为自己打算，而是要说出为对方着想的理由来。

点明利害得失，让说服更有效

说服别人就像“打蛇打七寸”一样，抓住对方切身利益的得失，会使他的心弦受到颤动，促使他深入思考，从而放弃自己消极的、错误的行动。

这个寒假，初二学生李天天接触到了网络游戏，并沉迷其中。父母发现后，数落了他很多次，甚至还对他动过拳头，可是都没有效果。有一次，李天天竟然坐到卧室的窗台前威胁父母，他的父母只好放弃教育。

父母无奈，便向老师求助。开学后，李天天的班主任把他叫进了办公室。

老师问：“你最近精神状态不好，是不是我布置的作业太多了？还是晚上你有别的活动？”

李天天低下头不说话，准备接受老师的训斥。然而，老师并没有像他的父母一样斥责他，而是温和地说：“听你父母说，你晚上喜欢玩手机游戏。其实老师偶尔也会玩，你在玩什么，能告诉老师吗？”

李天天终于开口了：“我玩的是××××，我只是偶尔放松一下，时间又不长，可每次我一打开手机，我妈就在我身边大呼小叫的，好像我犯了什么弥天大错。虽然我玩游戏，可是我照常学习啊，功课并没有落下。”

老师说：“玩游戏容易上瘾，你要理解你妈妈，她是真的担心你。你还小，自控力不强，打一场游戏，一不小心时间就过去了。可能你会想，每天就玩一两个小时，不会造成什么影响。但天长日久，你会把游戏当成习惯，渐渐上瘾，你引以为傲的好成绩将不再属于你。”

李天天听完，不由得点了点头。

老师又说：“你是一个很有前途的学生，也是我的骄傲，千万不要沉迷于游戏中，让游戏毁了你。马上就要升初三了，以你的实力好好学习，冲刺重点高中绝对没问题。你看你现在，眼睛里都有红血丝了，长期为了打游戏熬夜，会影响你的身体，也影响你的学习呢！”

李天天说：“老师，我以后会注意的。”

老师接着说：“你如果实在想玩，中午可以来找老师，老师陪你打上一局。不过你要向我保证，回去后就不能再玩了，抓紧时间完成我布置的作业，然后早点睡觉，给我养足精神，好好备战中考！”

李天天拍着胸脯保证：“老师，您放心，我会努力的。”

一个人最关心的往往是与自己有关的利益。所以，当你想要劝说某人时，应当告诉他这样做对他有什么好处，不这样做则会带来什么样的不利后果。相信他不会不为所动。

制造悬念，改变对方的观点

对于自以为是的人，要说服他，最忌正面交锋、针锋相对，这样不但不能达到预期的目的，反而会激怒被说服者，使其更加坚守自己的观点。要说服这种人，应该先巧妙地制造悬念，通过卖关子来吊对方的胃口，使对方的情绪松弛下来，把他的好奇心诱发出来，在解释悬念的过程中，可用简单的事理或推论证明对方的错误，从而让其改变观点。

某建筑公司的李工程师，有一次说服了一个刚愎自用的人。有一个工头，他常常坚持反对一切改进的计划。李工程师想换装一个新式的指数表，但他想到那个工头必定要反对的。李工程师去找他，腋下挟着一个新式的指数表，手里拿着一些要征求他的意见的文件。当大家讨论着关于这些文件的事情的时候，李工程师把那指数表从左腋下移动了好几次，工头终于先开口了："你拿着什么东西？"李工程师漠然地说："哦！这个吗？这不过是一个指数表。"工头说："让我看一看。"李工程师说："哦！你不用看的！"他假装要走的样子，说："这是给别的部门用的，你们部门用不到这东西。"但是，工头又说："我很想看一看。"当他审视的时候，李工程师就随便但又非常详尽地把这东西的效用讲给他听。他终于喊起来说："我们部门用不到这东西吗？糟糕，它正是我想要的东西呢！"

李工程师故意这样做，果然很巧妙地把工头说动了。

要制造悬念时，你还可以让自己的言行，有多种可能的含义。然后，诱导对方的注意力在一种含义上固定下来，即为对方设下陷阱，使对方产生错觉。最后突然向另一种含义上转去，情境的对转，使对方突然产生期待的失落感，从而产生了强烈的戏剧性效果。

顺言逆意归谬法，让人点头的秘诀

实践已使许多人懂得，当我们面对强势、霸道的人，或者固执己见的人时，直接反驳其错误会有诸多的不便，而最有效、最巧妙的方法当数归谬说服了。

所谓归谬说服，与直接反驳对方的错误观点大相径庭，而是先假设对方的观点言之有理，然后据此引申出一个连对方也不得不承认其荒谬的结论，从而心甘情愿地放弃原有的错误观点和主张，无条件地接受说服者输出的思想信息。

优孟是楚国艺人，身高八尺，喜欢辩论，常常用诙谐的语言婉转地进行劝谏。

楚庄王有一匹心爱的马，他给马穿上衣服，让它住在华丽的房子里，用挂着帷帐的床给它做卧席，用蜜渍的枣干喂养它。结果马得肥胖病死了。于是，庄王让臣子们给马治丧，要求用棺椁殡殓，按照安葬大夫的礼仪安葬它。群臣纷纷劝阻，认为不能这样做。庄王急了，下令说："有谁敢因葬马的事谏诤的，立即处死。"

优孟听到这件事，走进宫门，仰天大哭。庄王吃了一惊，问他为何而哭。优孟说："这马是大王心爱的。堂堂的楚国，只按照大夫的礼仪安葬它，太寒碜了，请用安葬国君的礼仪安葬它吧。"庄王问："怎么葬法？"优孟回答说："我建议用雕花的美玉做棺材，用漂亮的梓木做外椁，用枫、樟各色上等木材做护棺，发动士兵给它挖掘墓穴，让年老体弱的人背土筑坟，请齐国、赵国的代表在前面陪祭，请韩国、魏国的代表在后头守卫，要盖一所庙宇用牛羊猪祭供它，还要拨个万户的大县长年管祭祀之事。我想各国听到这件事，就都知道大王轻视人而重视马了。"庄王说："我的过错竟然到了这个地步吗？现在该怎么办呢？"优孟说："让我替大王用对待六畜的办法来安葬它。堆个土灶做外椁，用口铜锅当棺材，调配好姜枣，再加点木兰，用稻米做祭品，用火光做衣服，把它安葬在人们的肚肠里吧！"庄王当即就派人把死马交给太官，以免天下人张扬这件事。

在说服他人的过程中，抓住对方观点中隐蔽的荒谬点，加以推衍，或由此及彼，或由小到大，或由隐到显，最后得出一个荒谬可笑的结论，从而攻破对方错误的论点。这种说服方法用在对待某些恶人时，会达到一种效果，使其知难而退，从而达到软性说服的目的。

说服可以说是无处不在的。面对朋友、家人、同事，甚至陌生人时，说服都有可能发生。而当我们面对强势或恶势的时候，说服尤为困难。在这两者面前，说服最适宜采用引申归谬的方法。

循序渐进，说服他人需要耐心

说服别人并不是三言两语就可以搞定的事，说服别人需要的是耐心。因此，我们在说服别人时要循序渐进，耐心地、一步步地说服别人。

作为一名说服者，不到最后的时刻，永远不要放弃你的说服目标。

20世纪90年代，一家电器公司急需一笔项目资金，这家公司当时还处于起步阶段，公司账面上的钱远远不够，只能向银行贷款。

这一天，公司老总与银行经理见面，提交贷款请求。银行经理详细询问了整个项目的细节，决定和总行协商后再做出答复。几天以后，总行答复：同意贷款，但要以土地、建筑物乃至公司的“信誉”做担保。

尽管贷款有了着落，但却不是公司老总所希望的那种方式。对银行方面的做法，老总心中不大满意：以公司的“信誉”做担保，总让人觉得不那么舒服，如果在投资上真的遇到风险，那么把公司的“信誉”赌了出去，接下来将如何发展呢？在老总看来，一个企业，信誉才是无价之宝。他认为，最理想的结果应该是无担保贷款。于是公司向银行方面表示：“对贵行的决定，我表示衷心感谢。但如果以不动产做担保，恐怕会影响到企业的形象，不仅对公司不利，将来对贵行可能也会有所影响。所以，我冒昧地请求，贵行是否可以提供无担保贷款？”

银行方面显得有些犹豫不决。公司老总接着说：“请放心，只要给我们公司两年的时间，就足可以还清贷款。我厂的土地权利书和建筑物权利书，都可以交由贵行保存。我很希望贵行能给我们公司一次机会。”

经过老总的耐心说服，银行方面终于同意了他的请求，答应再和总行联络。两天以后，银行通知公司老总，同意提供无担保贷款。

如果你的观点是对的，一时说不服人家，你很可能会犯过分心急的毛病。当然，如果人家听了你的劝说，立刻点头叫好，改弦易辙，并称赞你“一言惊醒梦中人”，这自然是最妙不过的。实际上，这样的情况并不多见。别人的看法、想法、做法不是一天形成的。“冰冻三尺，非一日之寒”，要对方改变看法也绝非一日之功。有时，即使他当时表示了心悦诚服，你还要让他回去好好考虑。因为积习难改，当面服了，回去细想可能还会出现反复。即使真是如此，也千万不能指责对方是“当面一套，背后一套”。可见，说服别人要循序渐进，要有耐心。因为有时候，说服本来是可以取得更好效果的，但因为说服人认为已经达到了说服的目的，早早地放弃了说服，使得本来有可能更有利的局势毁于一旦。因此要想说服他人，要遵循以下三个步骤，循序渐进。

1. 了解对方的想法

想要让对方同意你的意见，第一步就是要设法先了解对方的想法。很多人为了说服对方，就精神十足地拼命说，说完了七成，只留下三成让客户“反驳”，这样如何能顺利圆满地说服对方呢？所以，应尽量去了解对方的想法、意见以及其想法的来源，这才是最重要的。

2. 先接受对方的想法

当你感觉到对方仍对他原来的想法坚信不疑时，最好的办法就是先接受他的想法，甚至先站在对方的立场发言。先接受对方的立场，说出对方想讲的话。为什么要这样做呢？因为当一个人的想法遭到别人的否决时，极可能为了维持尊严或咽不下这口气，反而会变得更倔强地坚持己见，排斥反对者的新建议。

某电器公司的推销员挨家挨户推销洗衣机，当他来到一户人家里，看见这户人家的太太正在用洗衣机洗衣服，就忙说："哎呀！这台洗衣机太旧了，用旧洗衣机是很费时间的，太太，该换新的啦……

结果，不等推销员说完，这位太太马上驳斥道："你在说什么啊！这台洗衣机很耐用的，到现在都没有故障，新的也不见得好到哪儿去，我才不换新的呢！"

过了几天，又有一名推销员来拜访。他说："这是令人怀念的旧洗衣机，因为很耐用，所以对太太有很大的帮助。"

这位推销员先站在太太的立场上说出她心里想说的话，使她非常高兴，于是她说："是啊！这倒是真的！我家这台洗衣机确实已经用了很久，是太旧了点，我倒想换台新的洗衣机。"

于是推销员马上拿出洗衣机的宣传小册子，提供给她做参考。这种推销说服技巧，确实大有帮助，因为这位太太已经动摇而产生购买新洗衣机的想法。至于推销员是否能说服成功，只不过是时间长短的问题了。

善于观察与利用对方的微妙心理，是帮助自己提出意见并说服别人的要素。一般来说，被说服者之所以感到忧虑，主要是怕"同意”之后，会发生意想不到的后果；如果你能洞悉他们的心理症结，并加以防备，他们还有不答应的理由吗？至于令对方感到不安或忧虑的一些问题，要事先想好解决之道以及说明的方法，一旦对方提出问题，可以马上答复。如果你准备得不够充分，讲话模棱两可，反而会令人感到不安。所以，你应事先预想一个可能引起对方考虑的问题，此外，还应准备充分的资料，给客户提供方便，以方便客户决策。

3. 让对方充分了解说服的内容

有时，虽然有可行的计划，但在向对方说明时，对方无法完全了解其内容，他可能马上加以否定。另外还有一种情形是，对方不知我们说什么，却已先采取拒绝的态度，摆出一副不会被说服的模样；或者根本不听我们在说什么。如果遇到以上几种情形，一定要耐心地一项项按顺序加以说明。让对方了解我们的真心实意，这是说服这些人先要解决的问题。

发出“最后通牒”，逼服对方

心理学家做过这样一个实验：让一个班的小学生阅读一篇课文。实验的第一阶段，没有规定时间，让他们自由阅读，结果全班平均用了 8 分钟才阅读完；第二阶段，规定他们必须在 5 分钟内读完，结果他们用了不到 5 分钟的时间就读完了。

这就是著名的最后通牒效应。所谓“最后通牒”，常常是在谈判双方争执不下、陷入僵持阶段，对方不愿屈服以接受交易条件时所采用的一种策略。实践证明，如果一方根据谈判内容限定了时间，发出了最后通牒，另一方就必须考虑是否准备放弃机会，牺牲前面已投入的巨大谈判成本。

1. 给出一个最后期限

严总接手了一家濒临倒闭的轮胎制修厂。厂里的亏损很严重，经过分析，严总认为第一步应该降低工人们的工资。他首先降低了厂里管理者工资的10%，包括他自己的工资也降低了。然后他叫来工会代表，对他说明了自己的决定，并且明确表态，如果工人们不接受，厂里只能选择辞退他们。

这种强制威吓且毫无策略的话语当然不会奏效，工会代表当即拒绝了他的要求。三天后，工厂员工尤其是一线的工人还举行了罢工。双方僵持了一个月，始终没有进展。后来严总心生一计，这天他突然对工会代表们说：“你们的罢工行为，使公司无法正常运转。我已跟劳工输出中心通过电话，如果明天上午8点你们还未开工的话，将会有一批人顶替你们的工作。”工会代表一下傻眼了，他们本想通过罢工为自己争取一下工薪，没料到，严总竟然会来这么一招！被解聘，意味着他们将失业，这可不是闹着玩的。工会经过短暂的讨论之后，终于接受了严总的要求。

经过一个月的拖延战都未打赢工会，而严总出其不意的一招竟然奏效了，而且解决得干净利落。

在谈判中，有些谈判者摆出架子准备进行艰难的拉锯战，而且他们也完全抛开了谈判的截止期。此时，你的最佳策略就是出其不意，发出最后通牒并提出时间限制。这一策略的主要内容是，在谈判桌上给对方一个突然袭击，改变态度，使对手在毫无准备且无法预料的形势下不知所措。对方本来以为时间挺宽裕，但突然听到一个要终止谈判的最后期限，而这个谈判成功与否又与自己关系重大，不可能不感到手足无措。由于他们很可能在资料、条件、精力、思想、时间上都没有充分准备，在经济利益和时间限制的双重驱动下，会不得不屈服，在协议上签字。

2. 在最后期限上动脑筋

最后期限一到，你就必须做出最后的决定。如果你对完成此项工作的日期估计有误，在最后期限之前不能完成交易的话，就要再次与对方谈判，要求放宽期限，如果对方拒绝修改协议的话，你也只好承担责任。

有一家出版公司，推出了一部青春题材的电影，刚一上市就反响不俗，创下5亿多的票房。公司想趁电影有热度时再推出一本电影画册，各地书商听说此信息后纷纷与公司联系，想争取独家发行权。承销此画册的书商为避免承担风险，在合同上规定到货的期限为20天。

出乎出版公司意料的是，这本画册才印了一部分，印刷机就坏了，待机器修好后，工厂职工连夜加班，最后期限到了，书也印出来了。但是，最后期限不仅仅是将书印出来，而是把货运到承销商手里，显然这家出版公司违约了。各地书商得知此信息后，有的要求减少包销册数、降低折扣，有的干脆宣布此协议已属无效。

市面上青春题材的电影屡见不鲜，人们关注的时间不会太长，所以销售时间点非常重要。之前出版公司没有预料到印刷厂会出现问题，公司与印刷厂只是口头上说几天出成品，并未签约。最后，这家出版公司因最后期限的制约而赔了一笔钱，而各地的承销商的利益却因最后期限的保障作用而未受到影响。

最后期限还有督促的作用。最后期限到了，你不得不做出决定。如果你选择了这个期限，你就要在期限之前完成交易；如果你违约了，就要承担后果。

当然，就谈判的最后期限而言，它也是可以灵活变动的。有的期限说一是一；有的具有弹性，可以商量。因为，对于不少行业的谈判而言，最后期限只是为了尽可能督促对方，并不是存心惩罚对方。因而，你在协议上签字之前，一定要搞清楚双方所定的最后期限是否还有“活动”空间。不过，事情随时都有可能发生变化，你在签订某一协议时，最好别让最后期限成为自己的枷锁。

3. 慎重采取最后通牒效应

在某些关键时刻，最后通牒法还是大有裨益的。但是，该方法并非屡试不爽，一旦被对方识破机关，最后通牒的威力可能会反作用到自己身上来。这里有一个范例：

一家电器公司与工会的谈判中采用“提出时间限制”的谈判术长达5年。这家公司在谈判开始的时候，使用这一方法屡屡奏效。但到了5年后，工人们的一直堆积的怨气终于爆发。他们料到谈判的最终结果肯定是公司故技重演，以提出时间限制相要挟，在做了应变准备之后，他们放弃了妥协，促成了一场超越经济利益的罢工。

发“通牒”一定要注意一些语言上的技巧，要把话说到点子上。

（1）出其不意，提出最后期限，要求谈判者必须语气坚定，不容通融。

运用此道，在谈判中首先要语气舒缓，不露声色，在提出最后通牒时要语气坚定，不可使用模棱两可的话语，使对方存有希望，以致不愿签约。因为谈判者一旦对未来存有希望，想象将来可能会给自己带来更大的利益时，就不肯签约。故而，坚定有力、不容通融的语气会替他们下定最后的决心。

（2）提出时间限制时，时间一定要明确、具体。

在关键时刻，不可说“明天上午”或“后天下午”之类的话，而应是“明天上午 8 点钟”或“后天晚上 9 点钟”等更具体的时间。这样的话会使对方有一种时间逼近的感觉，使之没有心存侥幸的余地。

（3）发出最后通牒言辞要委婉。

必须尽可能委婉地发出最后通牒。最后通牒本身就具有很强的攻击性，如果谈判者再言辞激烈，极度伤害了对方的感情，对方很可能由于一时冲动铤而走险，一下子退出谈判，这对双方均不利。

第七章

学点问话之道，让沟通更顺畅

从开放式提问开始，逐渐缩小范围

每种类型的问题都有最合适的谈话情境，知道什么时候用哪种类型的问题，对于想从别人身上得到可靠信息的你来说，是非常重要的。

1. 开放性的问题

开放式的问题简直可以用闲谈来形容，轻松得好像你们就是在拉家常。这类型的问题不会有所指向，谈话对象也不用分辨哪一种答案会取悦于你，没有担心，他自然就可以轻松地说出心里话。开放式的话题是你获得客观信息的首选。

当然，开放式话题也有缺点。由于它们太宽泛了，答案有时候会完全脱离轨道，你得到的信息往往都不是你想要的。而且开放式的问题也相当费时，有时候唠唠叨叨谈了半天，却没有你想要的答案。开放式的问题也给谈话对象规避问题创造了条件。

2. 诱导式的问题

开放式的问题没有限定任何答案，而诱导式的问题则有限制。有时候限制是有利的，因为这样可以引导谈话的方向，避免浪费了大量的时间和精力却不得要领。如果你想知道你的员工工作热情如何，不要问他今天都做了什么，而是问一个诱导的问题："你今天几点到公司的？"

如果你想从一个闪烁其词的人口中得到直接的答案，你可以好好利用诱导式问题。否则，如果你问他开放式的问题，估计问三天三夜也问不出结果。另一种使用诱导式问题的情况，是让对方知道你事先掌握了他的一些信息。例如，母亲对儿子说："我知道你一直都不喜欢舞蹈，但是学了拉丁舞是不是有一些不同的感觉？"或者商人对潜在的客户说："这项计划是否和去年……事情有关？"这些问题能促使谈话对象坦露更多的信息。

3. 争论式的问题

争论式的问题给人的感觉就是争论、辩解。有时为了取得重要的信息或揭发谎言，你不得不使用这种问题。在日常生活中，使用威胁的手段强迫对方承认以取得答案应该是最后的手段。有时候，在最激烈的言谈攻击下，你的谈话对象不得不承认他"没有犯过的错"。但是冷静之后，他往往会表示这是为了避开你，为了逃离现场才那样说的，这样的态度转变有时难辨真伪。有时候你逼得紧了，他甚至会说："好吧，我承认，你不就是想让我承认吗？现在你得到了你想要的答案，可以走了吗？"

初次见面，问话要释嫌

生活中，当我们与某人第一次见面时，不管有多想了解对方，一定不能忽视问话禁语的问题，要耐下心来慢慢诉说。

第一次见面，不管出于怎样的目的，总希望尽可能多地了解对方，一个又一个的问题就这样问了出来。殊不知，这样的问话方式会给对方造成不适之感，对方对你本就不熟悉，戒心较重。最开始问话的一方往往觉察不到这种迹象，直到对方表现出明显的回避与提防的情形时，问话方才不得不就自己的问话做一番解释。于是疑云消散，双方的交谈才逐渐融洽。但是，如果在对话的最开始就先讲明自己询问某些事的原因，交流的效果会更好。

小超是动漫爱好者，最近又迷上飞机模型的制作，经人介绍认识了一个叫赵彦的模型高手，两人一见面就谈了起来。

小超："听说你是这方面的行家？"

赵彦："也不算吧，只是喜欢玩而已。"

小超："你做这个多少年了？听说这行里的有些人很神秘，之前都是专门设计飞机的？飞机的原理是不是很复杂？有没有什么有意思的事透露一下？"

听了小超的这几句话，赵彦的面部表情突然严峻了起来。"你问这些干什么？我不知道。"

感到对方有明显的抵触心理，小超连忙说道："不好意思，我解释一下，我之所以问你飞机原理的事，是因为我最近在学着做飞机模型，我朋友没跟你说？"

赵彦摇摇头："他只说你想认识我一下，没说具体是什么原因。"

"噢，那就是我的不对了，我应该提前告诉你我那么问的原因的。除了飞机原理，我还想知道咱们国内制作飞机模型的整个状况，经费等，毕竟我刚接触这个，这方面的知识还非常缺乏，可以吗？"

"当然啊。你一解释我就明白了，不然一见面就问我飞机原理什么的，我感到很奇怪。"

"哈哈，我的错，我的错。"

小超就犯了只提顾问而没有解释的错误。他的问题让对方疑虑重重，甚至因为问题的敏感而怀疑他。因为有这样的想法，对方的心理防备就会更紧，令交流无法畅通。在这个过程中，对方还是一种戒备心，没有把小超当真正的朋友，而小超那样问，也是没读懂对方的表现。

不熟悉的人相见，认知总需要一个过程，切不可因为急切想了解某些问题而忽视了思想"互通有无"的过程。简而言之，就是让对方对你跟他对话的目的有个大概的了解，让他心中有数，他才会对你的问题予以解答。

在一些需要解释的问题之前做出必要的解释，跟对方说明自己这样问的意图。这样才能让他最大限度地敞开心扉说出自己的想法，你也会更加了解这个人。

锲而不舍，由浅及深问到底

人与人相遇，并不是无话可聊，而是没有找到适合双方的话题。这样的话题常常需要一个试探的过程，而要想经历这个过程，就要有锲而不舍的精神，不能因为一两次的受阻就不再问下去。问得越深、越广、范围越大，就越可能找到尽可能多的谈资。

在某些沉闷的环境里，没有人愿意开口跟陌生人说一句话，那是出于一种防备心理，在这种时候，该怎么办呢？你也要一直沉闷下去吗？

假如你正坐在火车上，已经坐了很久，而前面还有很长很长的路程。你想与他人讲讲话，这是人类的群体性在作祟，而你要尽力使你的谈话显得有趣和富有刺激性。

坐在你旁边的像是一个有趣的家伙，而你颇想知道他的底细，于是你便搭讪道："对不起，你有火柴吗？"

可是他一句话也不讲，只是点点头，从口袋里掏出一盒火柴递给你。你点了一支烟，在还给他火柴时说了声"谢谢"，他又点了点头，然后把火柴放进了口袋里。

你继续说："真是一段又长又讨厌的旅程，你是否也有这种感觉？"

"是的，真讨厌。"

他回答着，而且语调中包含着不耐烦。

"若看看一路上的稻田，倒会使人高兴起来。在稻谷收获之前的一两个月，那一定更有趣吧？"

"唔，唔！"他含糊地答应着。

这时，如果你再也没有勇气问下去，你们的谈话就会到此为止，沉默就会继续。但如果你不再只是问一些表面问题，而是换一个稍微深入的，能引起他兴趣的话题，对方可能就不再沉默了。

“今天天气真好啊，真是适合踢球。今年秋天有好几个大学的球队都很出色，你对这件事有关注吗？”

这时，那位坐在你身旁的乘客直起身来。“你看理工大学球队怎么样？”他问。

“理工大学球队很好，虽然有几个老将已经离队，但那几位新人都很不错，对这个球队你也关注？”

“嗯，是的，你曾听到过一个叫李小宁的队员吗？”他急着问。

或许李小宁这个人你听说过，或许没听说过。这都不是关键，关键是李小宁这个人能引发对方的谈话兴趣。你就可以顺着他的话说：

“他是一个强壮有力、有技巧，而且品行很好的青年。理工大学球队如果少了这位球员，恐怕实力将会大减。但是李小宁毕业了，以后这个队如何还很难说。怎么，你认识他？”

这位乘客听了这话便兴高采烈、滔滔不绝地谈了起来。

可见，由浅入深地逐步提出问题，也是一种行之有效的沟通方式，对“拉近”沟通双方的距离起着关键的作用。尤其在与对方第一次见面时，不妨通过恰当地提问，挖掘到对方最感兴趣的话题，让原本陌生的两个人逐渐熟悉起来，谈话气氛也会变得融洽。

面对陌生人的时候，为了迅速打开话匣子，可熟练掌握以下几种方法：

1. 从对方的口音找话题

对方的口音可以告诉我们他大概的出生地或者居住过的地方，从此处入手，就可询问相关的风土人情、著名人物等问题，激发对方的谈话欲望。

2. 从与对方相关的物品找话题

对方携带的东西通常跟他的兴趣和爱好有关，从此处入手，更容易打开对方的话匣子。如果对方拿着一本体育杂志在看，一句“你喜欢体育吗”，就会让双方的距离瞬间缩短很多。

3. 从对方的衣着打扮找话题

一个人的穿着常常反映他的品位，如果从他衣服的品牌开始交谈，沟通或许会更加融洽。

提问环环相扣，让其退无可退

主动抛出问题，就会打乱对方的心理节奏，让他自乱阵脚，自己也会逐渐在对话中占据优势。

小董是一家公司的业务员，刚上班不久就被派到外地去收欠款。欠钱的是一家实力不弱的公司。临去之前，小董还特意调查了对方的资料：实力雄厚，老板为人正直。小董想，之所以钱一直要不回来可能因为是旧账的缘故，业务员换了好几个，程序都接不上了，这次他好好跟对方说说，应该没什么大问题。但是，直到他见到那个老板，小董才知道，他把事情想得太简单了。

小董：“您好，您是这家公司的老板吧？我是 ×× 公司的业务员，我是为那笔旧账来的，您应该知道吧？”

那人一听，眉毛一横。

“旧账？什么旧账？我从来不欠人家什么。”

没想到对方会抵赖，小董就拿出了账单，说：“要不您看看？我说的没有错，不然会来麻烦您吗？”

那人看都不看就把账单扔到一边。

“什么账单？我不看，别浪费我时间了。”

小董一看，对方确实不好对付，不能再任由他这样下去了，他不认账，小董就主动问。

“您赖账也罢不赖账也罢，白纸黑字都在这写着呢，2005年20万元钱的货是怎么回事？一个叫李明的业务员从我们公司拉了货就回来了，说过几天就给钱，这都过了多少天了？钱呢？您可能会说你们公司没这个人，告诉你吧，来之前我都打过电话核实了，人还在你们公司里，哪个部门我都知道。”

“胡扯，根本没有这事。”

“还想抵赖，2005年6月还有一笔货款没结，也说过几天结。我们觉得是老客户就没追着催，这账单上都写着，上边还有您的签字和指纹，您不会说这些也是假的吧？”

“哪有签字？哪有指纹？”那人嚷着要抢账单，小董赶紧躲开了。

“来之前我已经想好了，能自己解决就自己解决，不能解决的直接跟相关部门汇报，您要是威胁我，我就打110，没想到我会这么做吧？还想一直赖下去吗？”

之前一直非常嚣张的欠债人听到小董要报告相关部门，突然紧张得一句话也说不出来。如果被处罚，公司的损失肯定会更大，在整个业界的声誉也会非常坏。想到这里，那人就软了下来。

“年轻人，不要冲动嘛，有事好说，我也是小本经营啊。”

“既然知道做生意不容易，为什么还要为难我们？非得让我这样您才满意？”

“好，好，我还你们欠款，今天就办。”

当遇到一个蛮横的人的时候应该怎么办呢？当这个蛮横的人又恰好欠了你东西就是不还的时候，又该怎样处理？相信，这样的问题让很多人都有挠头之感。

小董开始本想用和风细雨的方式让对方还钱，他想在循循善诱间让对方明白欠债应该还钱的道理。对方提一个问题自己就回答一个。渐渐地，小董察觉到对方一直在用这种方法抵赖，而他的蛮横也让小董明白软弱被人欺。他就决定主动出击，将问题在对方问出或者躲避之前一一抛出，让他没有退路。同时，在气势上压倒他。

直到小董说会将欠债的事上报相关部门，质问对方怕不怕，欠债方才彻底服软。先前的嚣张气焰不见了踪影，取而代之的是配合。小董问到了对方的痛处和畏惧的地方，他当然只有“束手就擒”的份了。试想一下，如果小董不问这样一个问题，对方可能会一直抵赖下去，心理上一直保持强势状态。主动抛出问题，就会打乱对方的心理节奏，让他自乱阵脚，自己也会逐渐在对话中占据优势。

有些人的强大是装出来的，为了达到自己的私利用假象迷惑别人，外强中干。这样的人，通过外在并不能看出什么端倪，只有通过交谈，才知道他的强大到底是实还是虚。而最佳的交流方式之一，就是先将存在的问题抛出，而不是被动地接受问题。

主动抛问题代表一种强烈的寻求掌控权的思维模式，只有把握了话语权，对方的思想才能渐渐被你掌握，掌握了一个人的思想，他的心思还会无法看透吗？

善于提出好的问题

对成功者与不成功者最主要的判断依据是什么呢？一言以蔽之，那就是成功者善于提出好的问题，从而得到好的答案。

肖杰："罗总您好，我叫肖杰，在分销服务公司工作。"

罗总："非常抱歉，我不从分销商那里购买商品。我认为我们没有什么要谈的。"

肖杰："罗总，我知道您从直接销售商那里购买，但是既然我已经给您打通了电话，您是否介意告诉我一些事情？"

罗总："你想知道什么呢？"

肖杰："您怎样处理在货架上滞留了很长一段时间的销售缓慢的商品？"

罗总："没有发生过这样的事情。我只订购了我想要销售的商品。"

肖杰："那客户退还的物品呢？"

罗总："如果是有缺陷的物品，我们就再包装好返还给制造商。"

肖杰：“我猜想您是通过邮件或电话来联系需要补充的存货，是吗？”

罗总：“是的。”

肖杰：“罗总，您现在怎样监管您的投资？”

罗总：“我一年进行一次全面的投资，一个月更改一次投资方案。当然，我每天也注意货价的情况。”

肖杰：“所有这些占用了您和您员工的很多时间吗？我的意思是订购、包装、从不同货源运来的货船上卸货和投资等。”

罗总：“不完全符合实际情况。我们做了多年业务，仍然在经营，所以我认为业务运行不错。”

肖杰：“您曾经因为您没有客户想要的物品而错过营销的机会吗？”

罗总：“确实存在这样的情况，我想一段时间就会出现一次。每个人都会碰到这样的情况，不是吗？”

（罗总回答的最后一个问题，使肖杰怀疑“一段时间有一次”不符合实际情况，现实要比他所说的严重很多，并且降低了很多利润率。这可以看作是在间接表达需求，并促使罗总提出能够解决这一问题的可能性。）

肖杰：“罗总，如果您的存货太多，使得资金周转不足而错过很多销售业务，并且如果您可以从一个货源每日订购货物——所有这些都需要您和您的员工付出劳动——您肯定想知道更多这方面的东西，是吗？”

罗总：“是的，我认为也是这样。”

（罗总的最后陈述是解释问题的答案，可以看作一项协议。这是罗总和分销商营销人员之间关系的转折点。最后，他还是承认他想知道开展业务的更多可选方案。现在肖杰会很自然地接着阐述利益并要求一个详谈的预约。）

肖杰：“罗总，我们从其他与您相似的商店得出的经验显示，可以使用计算机控制系统来安排存货，这个系统确保手边的存货正好满足客户的需求。我们的计算机系统可以帮助您保留投资记录，确保您供需的最佳平衡。如果一件商品的存货不足，我们会保证价格不变。这样做的结果是投资可以达到利润最大化，完全不会出现供货不足或存货过多。所有这些并不需要您和您的员工付出很多。我很高兴您的商店会在评价产品销售前景和利润预测上具有更多的优势。明天上午9点钟或者下午1点钟，我们能否坐在一起好好谈谈？”

罗总：“那就明天下午1点吧。”

开始销售前了解客户的需求非常重要。只有了解了客户的需求后，你才可以根据需求的类别和大小判定眼前的客户是不是潜在客户，值不值得销售。如果不是自己的潜在客户，就应该考虑是否还有必要再谈下去。不了解客户的需求，好比在黑暗中走路，既白费力气又看不到结果。

安东尼·罗宾说过：“对成功者与不成功者最主要的判断依据是什么呢？一言以蔽之，那就是成功者善于提出好的问题，从而得到好的答案。”通过恰当的提问，销售人员可以从客户那里了解更充分的信息，从而对客户的实际需求进行更准确的把握。当推销人员针对客户需求提出问题时，客户会感到自己是对方注意的中心，他（她）会在感到受关注、被尊重的同时更积极地参与到谈话中来。

主动提出问题可以使推销人员更好地控制谈判的细节以及今后与客户进行沟通的总体方向。那些经验丰富的推销人员总是能够利用有针对性的提问来逐步实现自己的推销目的，并且还可以通过巧妙的提问来获得继续与客户保持友好关系的机会。要想做到有效提问，需要注意以下几点：

（1）先了解客户的需求层次，然后询问具体要求。了解客户的需求层次以后，就可以把提出的问题缩小到某个范围之内，从而易于了解客户的具体需求。如客户的需求层次仅处于低级阶段，即生理需要阶段，那么他对产品的关心多集中于性价比上。

（2）提问应表述明确，避免使用含糊不清或模棱两可的问句，以免让客户误解。提出的问题应尽量具体，做到有的放矢，切不可漫无边际、泛泛而谈。针对不同的客户提出不同的问题。

（3）提出的问题应突出重点。必须设计适当的问题，诱使客户谈论既定的问题，从中获取有价值的信息，把客户的注意力集中于他所希望解决的问题上，缩短成交距离。

（4）提出问题应全面考虑，迂回出击，切不可直言不讳，避免出语伤人。

（5）洽谈时用肯定句提问。在开始洽谈时用肯定的语气提出一个令客户感到惊讶的问题，是引起客户注意和兴趣的可靠办法。

（6）询问客户时要从一般性的事情开始，然后慢慢深入下去。

第八章

说好场面话，获得好人缘

想说场面话先要学会客套

客套，包含着客气、谦卑，处处显示出对别人的尊重；客套，还显示出你的平和与内敛。

客套是语言艺术中的一种。我们往往在教育孩子的时候会说“见了大人要打招呼，借了同学的橡皮要说谢谢，不小心碰到了人家要说对不起”等，这是最基础的礼貌教育。

客套的书面文字是那么的枯涩、乏味，但是变成语言之后，却是那么的悦耳和动听。

一次，李女士去看重病中的好朋友，看到对方非常痛苦的样子，她没有说一句话。她没有说话是因为当时有许多的顾虑：说客套话吧，不能表达自己的心情；不说话吧，又被认为冷眼旁观。她太内向了。

这种“内向”要比虚情假意和口蜜腹剑的做法诚实得多。但是，由于不能充分地表达自己的内心，在他人看来一切都等于零。一个人如果连一句最普通的客套话都不会说，探望病人的时候，连一句“没事吗”都说不出口，这种人会给人一种冷酷的感觉。

所以，生活中要学会说客套话，用自己的语言表达出自己的感情，比如“没事吗”这句话，你并不是只把字面的含义说给对方，这里面，你可以加进去自己的真实感情，比如“有什么我能帮你的？”“我看到你难受的样子非常难过！”“没事吗？好了之后，我们一起去打保龄球。”这样，更有益于促进彼此之间的关系。

客套不是低声下气，是尊重；客套不是虚伪，是礼貌。

生活、工作，哪一样都需要语言作为纽带。人要衣装，佛要金装，语言也要靠包装。语言的魅力，在于使人心悦诚服，语言的运用，在于修养气度。

会客套的人，说出来的话叫人喜欢听、愿意听，别人也会欣然接受；不会客套的人，常常面临许多的尴尬，造成许多的误解，出现人际关系的障碍，导致自己的人脉越来越窄。

有的人说，客套多，朋友多；朋友多，好事多。这句话一点都不假。因为客套和寒暄可以帮助你认识很多朋友，缩短人与人之间的距离，从而促成两人的交往。

在生活当中，我们往往会听到如“谢谢您”“多谢关照”“劳驾”“拜托”之类的客套话。这样的客套话可以向别人表示感谢，能沟通人与人的心灵，建立融洽的人际关系。在求人做事以后，应真诚地说一声“谢谢”。如果你不说一声“谢谢”，只把感激之情埋在心底，对方会有一种不快的感觉，他的劳动没有得到肯定，或认为你不懂礼貌，今后也不会再帮助你。同样，在打搅别人，给别人添麻烦时能真诚地说一声“对不起”，对方的气就会减少一半。所以，在人际关交往、求人办事的过程中，我们千万不要忽视客套的作用。

许多时候，客套就是表现出对对方的尊重、礼节和谦虚，比如有人作报告或讲话，总会说“我资质不高，研究不够，恐怕讲不好”，或者是“我讲得不好，请大家批评指正”。诸如此类的客套话，看起来是随口而出，实际上起着表达讲话者谦恭的作用。

客套必须要自然，要真诚，言必由衷，富有艺术性。

小王是上海某大饭店里的服务员。著名美籍华裔舞蹈家孟先生第一次到该饭店，小王向他微笑致意：“您好！欢迎您光临我们酒店。”当孟先生第二次来店，小王认出他来，边行礼边说：“孟先生，欢迎您再次到来，我们经理已安排，请上楼。”随即陪同孟先生上了楼。时隔数日，当孟先生第三次踏入酒店时，小王脱口而出：“欢迎您又一次光临。”孟先生十分高兴地称赞小王：“不呆板，不制式”。

小王之所以会受如此表扬，在于他并不是鹦鹉学舌，见客只会一声“欢迎光临”，而能根据交际情境的变化运用不同的方法，表现出他对工作的热爱和说话的艺术。

“人有礼则安，无礼则危。故曰，礼者不可不学也。”可见，人类从很早以前就开始呼唤礼仪，呼唤文明。有的人总是说，礼仪中的寒暄是人际交往的废话，其实这句话是不正确的。

在人际交往中往往少不了客套，客套会使我们彼此之间的关系更加和谐。要把“谢谢、对不起、请”常挂嘴上。请人办事，说一声“劳驾”，送客临别，讲一句“慢走”。这些都能显示出你礼貌周到、谈吐文雅。擅长外交的人们像精通交通规则一般精于客套，得体的客套同我们美好的仪容一样，是永久的荐书。以下是总结出的一些日常生活中常用的客套话：

初次见面说“久仰”，好久不见说“久违”。

请人评论说“指教”，求人原谅说“包涵”。

求人帮忙说“劳驾”，求给方便说“借光”。

麻烦别人说“打扰”，向人祝贺说“恭喜”。

请人改稿称“斧正”，请人指点用“赐教”。

求人解答用“请问”，赞人见解用“高见”。

看望别人用“拜访”，托人办事用“拜托”。

宾客来到用“光临”，送客出门称“慢走”。

招待远客称“洗尘”，陪伴朋友用“奉陪”。

请人勿送用“留步”，欢迎购买叫“光顾”。

与客作别称“再见”，归还原物叫“奉还”。

对方来信叫“惠书”，老人年龄叫“高寿”。

得体的“致谢”会更加温暖对方的心窝，也能使你的语言更加充满魅力。得体的“道歉”是你送给对方的最廉价的礼物，也是调和可能产生紧张关系的一帖灵药……有的人往往容易把应酬、客套、寒暄甚至是聊天这些基础的交往行为看作是虚伪、庸俗和毫无意义的东西，在思想上加以排斥，在行动上加以抵制。这样的人违背了人类的某些本性，在交际上会屡屡受挫，连连吃亏。

客套并不一定是在语言上，一个眼神、一个手势，点一下头，微笑一下，或给对方送些小礼物，凡此种种，都属于客套的范畴。换句话来说，客套是一个比较宽泛的概念，客套是一种礼节，如果客套运用得好，会使你收到意外的惊喜。

日本松下电器公司的松下幸之助是个很讲客套的人。他在交托下属去执行某一件事时，会说："这件事拜托你了。"遇到员工时，他会鞠躬并说"谢谢你""辛苦了"之类的客套话，有时会亲自给员工斟一杯茶，或者送给员工一件小礼物。就是因为这种客套，员工才毫无怨言地为他尽心竭力。

人类是一种情感动物，从某种意义上说，人际关系正是出于人类感情交流的需要。客套是温暖的，能加深对方的了解、亲切关系，增加友谊，彼此之间的关系因为客套而发生变化，心理距离也会随之缩短，感情自然有了呼应和共鸣。

在人际交往中，要想使别人怎么对你，你首先就要学会如何对待别人。客套一下，看似平常，可它却能引起人际间的良性互动，成为交际、办事成功的促进剂。

寻找好话题，营造热络的气氛

话题是初步交谈的媒介，是深入细谈的基础，是纵情畅谈的开端。没有话题，谈话是很难顺利进行下去的。要想营造热络的气氛，没话题也要找话题。

不善言谈在交际场中很容易陷入尴尬局面。要想建立良好的人际关系，首先必须掌握没话找话的诀窍。没话找话的关键是要善于找话题，或者根据某事引出话题。

好话题的标准是：至少有一方熟悉，能谈；大家感兴趣，爱谈；有展开探讨的余地，好谈。那么，怎么找到话题呢？

1. 众人都关心的话题

面对众多的陌生人，要选择大家关心的事件为话题，把话题对准大家的兴奋中心。这类话题是大家想谈、爱谈又能谈的，人人有话，自然能说个不停了。

2. 借用生活中的题材

生活中很多题材都是良好的谈话内容，尤其是一些有诉诸需求的事物，如健康、减肥、美食、流行服饰等，会吸引大多数男女老少的兴趣。你也可以分享某部精彩的电影或一些有趣的书籍等，这样的话题在我们的生活里俯拾皆是，聊着聊着就能拉近与对方的距离。

3. 提问的方式

向河水中投块石子，探明水的深浅再前进，就能有把握地过河。与陌生人交谈，先提一些“投石”式的问题，在略有了解后再有目的地交谈，便能谈得更为自如。

4. 找到共同爱好

问明陌生人的兴趣，循趣发问，能顺利地进入话题。如对方喜爱足球，便可以此为话题，谈最近的精彩赛事、某球星在场上的表现，以及中国队与外国队的差距等，都可以作为话题而引起对方的谈兴。引发话题，类似“抽线头”“插路标”，重点在“引”，目的在导出对方的话茬儿。

5. 搭上关系，由浅入深

孔子说“道不同，不相为谋”，只有志同道合，才能谈得拢。我国有许多“一见如故”的美谈。陌生人要能谈得投机，要在“故”字上做文章，变“生”为“故”。下面是变“生”为“故”的几个方法：

（1）适时切入。看准情势，不放过应当说话的机会，适时地“自我表现”，能让对方充分了解自己。

交谈是双边活动，光了解对方，不让对方了解自己，同样难以深谈。陌生人如能从你“切入”式的谈话中获取教益，双方会更亲近。

（2）借用媒介。寻找自己与陌生人之间的媒介物，以此找出共同语言，缩短双方距离。如见一位陌生人手里拿着一件什么东西，可问：“这是什么？……看来你在这方面一定是个行家。正巧我有个问题想向你请教。”对别人的一切显出浓厚兴趣，通过媒介物引发表露自我，交谈也会顺利进行。

（3）留有余地。留些空缺让对方接口，使对方感到双方的心是相通的，交谈是和谐的，进而缩短距离。

有经验的记者能通过观察和分析，迅速与对方套上近乎，找到一个可以引起双方话题的共同点，打破那种不知从何谈起的场面。

一位记者去采访一位教师，行前有人说这位老师性格有点古怪，经常三言两语就把人打发了。记者到学校去找时，他正在跟传达室的人发脾气。记者一听他说话的口音是山西人，心里暗暗高兴，因为他也是山西人。后来，他们的交谈就从家乡谈起，越谈越热乎，这一段题外话也为正题做了很好的铺垫。

在交际过程中，谈话时要善于寻找话题，这样才能套上近乎。有位交际大师指出：交谈中要学会没话找话的本领。

抓准说场面话的时机

在交际场合说点场面话是非常必要的。恰到好处的场面话，可以赢得他人的欢心，从而增进彼此的感情。但是，场面话并不是说得越多越好，有时候说场面话也得注意场合。如果不分场合地说场面话，很可能给别人留下轻浮与虚伪的印象。

社会是由人组成的，人与人之间相处、交往是再正常不过的事情了。一踏入社会，应酬的机会就多了，这些应酬包括去别人家里做客、赴宴、会议，以及其他聚会等。不管你对应酬满不满意，场面话一定要讲。

什么是场面话呢？

场面话就是让主人高兴的话。既然说是场面话，可想而知就是在某个“场面”才讲的话，这种话不一定代表你内心的真实想法，也不一定合乎事实，但讲出来之后，就算主人明知你“言不由衷”，也会感到高兴。

场面话是日常交际中常见的现象之一，而说场面话也是一种应酬的技巧和生存智慧。从日常社交来看，你至少需要学会以下几种场面话。

当面赞扬他人的话。你可以称赞别人的孩子聪明可爱，称赞别人的衣服大方漂亮，称赞别人教子有方等。这种场面话所说的有的是实情，有的则与事实存在相当的差距，有时正好相反，但这种话说起来只要不太离谱，听的人十有八九都会感到高兴。

当面答应他人的话。如“我会全力帮忙的”“这事包在我身上”“有什么问题尽管来找我”等，这种话有时是不说不行，因为当面拒绝场面会很难堪，有时甚至会得罪人。用场面话先打发一下，能帮忙就帮忙，帮不上忙或不愿意帮忙再找理由，总之，有缓兵之计的作用。

在很多情况下，场面话我们不想说不还不行，因为不说，会对你的人际关系造成影响。不过，场面话切忌讲得太多，要点到为止，太多了就显得虚伪而且令人肉麻。

总而言之，场面话就是感谢加称赞，如果你能学会讲场面话，对你的人际关系必有很大的帮助，你也会成为受欢迎的人。

场面话要有情感共鸣点

场面上，要想讨得某人的欢心，使得场面更和谐，就一定要找到对方感情的突破口，只有情感上有了共鸣，场面话才能继续说下去。

日常交往并不是总在熟人间进行，有时你甚至要闯入陌生人的领地。当进入一个陌生的家庭、环境时，要迅速打开局面，首先要寻找理想的“突破口”。有了“突破口”，便可以以点带面或由此及彼地发挥开去，从而实现让对方在感情上接受你的效果。

杨帆是一家银行的经理，他奉上司指示，秘密进入某家公司进行信用调查。正巧杨帆认识另一家大企业公司的董事长，这位董事长很清楚这家公司的情况，杨帆便亲自登门拜访。当他进入董事长室，才坐定不久，女秘书便从门口探头对董事长说："很抱歉，今天我没有邮票拿给您。""我那12岁的儿子正在收集邮票，所以……"董事长不好意思地向杨帆解释。接着杨帆便开门见山地说明来意，可是董事长却含糊其词，一直不愿做正面回答。杨帆见此情景，只好离去，没得到一点儿收获。

不久，杨帆突然想起那位女秘书向董事长说的话，同时也想到他们银行的国外科每天都收到许多来自世界各地的信件，那上面有各国的邮票。

第二天下午，杨帆又去找那位董事长，告诉他是专程替他儿子送邮票来的。董事长热情地接待了他。杨帆把邮票交给他，他面露微笑，双手接过邮票，就像得到稀世珍宝似的自言自语："我儿子一定高兴得不得了。啊！多有价值！"董事长和杨帆聊了30分钟有关集邮的事情，又让杨帆看他儿子的照片。之后，没等杨帆开口，他就自动地说出了杨帆想要知道的内幕消息，足足说了一个钟头。他不但把所知道的消息都告诉了杨帆，又召来部下询问，还打电话请教朋友。杨帆没想到区区几十张邮票竟让他圆满地完成了任务。

人们常说：要讨一个母亲的欢心，那就去赞扬她的孩子。找到情感共鸣，沟通自然会顺畅。

分清别人说的场面话

场面话大家都在说，但究竟哪些场面话是真的，那些场面话是虚言的应酬，我们要做到心中有数。

进入社会后很多人就会发现，虽然自己名片盒里的名片越来越多，真正无话不谈的朋友还是那么几个。绝大多数是场面上的朋友，迎来送往，无非是个“你好”加上“再见”。苦恼的是，若是真正的朋友，就算相对无语，彼此也不觉得尴尬。但场面上的朋友就不同了，毕竟从见面到分手之间的一段空白还是要去填的。善于应酬的人，也就是公认的社交高手，总能漂亮地完成使命，让彼此轻松愉悦地度过一段时间；反之，则空留尴尬的笑脸和一段难熬的时间。

一个法资跨国公司的大老板每年环球巡游一次，听各国首席执行官们述职。当然，也顺便见一下当地雇员。只是全球数万张面孔，哪儿记得过来？于是他每年都问同样的三个问题：你是哪个大学毕业的？学的是什么专业？何时来到我们公司的？除了首席执行官们之外，公司其余的人每年要回答一次。

大多数员工对待这三个问题就像对待元首阅兵一样，把答案像口令一样喊出来而已，从不奢望自己能被大老板记住，但有一个信息技术工程师。他每次回答完“我的专业是建筑设计”之后，都会解释一下为何原来的建筑设计师会转行到信息技术领域。这是个漫长的故事，但大老板老是记不住，于是他连续讲了三年。

第四年，当他又开始讲第四次的时候，大老板制止了他：“好像有个挺长的故事是吗？无论如何，我代表公司感谢你的努力工作。”老板记住了他，但没有跟他客套。

老板只是在客套一下，谁知他竟当了真。

坐上大老板的位置后，也许不用再花心思设计场面话；但下属就不同了，场面上反应机敏与否，直接关系到将来的前程。

一次会议中场休息之后，接着开会，许多人迟到了。大老板面露愠色。大部分人默默地进来，默默地入座，空气十分凝重。只有一个中层女经理人未到，话先到："哎呀呀，卫生间的队好长啊。老板，你怎么雇了这么多女人啊！"一句话把大老板逗乐了。

在一个鸡尾酒会上，有个商人模样的老外与琳达打招呼，琳达马上放下冰橙汁，与他握手。他笑问琳达："为什么你的手冰冰的呀？"她忙着解释，朝那杯冰橙汁乱指。他马上摇头："不不不，你只需要说'但我的心是热的'就行了。"

一句话提醒了琳达。

其实他并不关心为何琳达的手是冷的，而琳达也并无义务解释为何自己的手是冷的。不过是两个陌生人找个话题混个脸熟而已，什么话开心，什么话可以博个笑脸，就讲什么话。

场面话人人都在说，但究竟所说的场面话那些是真的，那些只是基于社交的礼节虚言的应付，我们的心中要有个数，这样就不至于因为没有分清对方的场面话而造成尴尬的局面。

面对不同人有不同的场面话

不同的人所关注和喜欢的东西也会不同，面对不同的人，我们要学会说不同的场面话。只有投其所好，场面话才能引起对方的兴趣，谈话才能持续下去。

与人交谈时，如果想要达到“交谈甚欢”的境界，最常见的方法就是“投其所好”。如果想要求人办事，那就更得在说话的时候投其所好。要知道，如果你能投其所好，说的话就能深入人心。如果反其所好，只会招来对方的厌恶，甚至还会给自己带来麻烦。有个人们耳熟能详的童话故事就能说明这个道理：

有一个年轻的渔夫，一天收网的时候，发现网里有一个旧瓶子。他把瓶塞打开，突然一阵浓烈的烟雾喷出来，很快变成一个比山还大的巨魔。

这时，巨魔突然笑着说“哈哈！年轻人，你把我救出来，本来我应该感谢你的，可是，你做得太迟了，倘若你早几年把我救出来，你就可以得到一座金山啦！唉，又让我等了500年，我太不耐烦了，我已经许了恶愿，要把救我出来的那个人一口吃掉！”

那年轻人吃了一惊，但立即镇定地说：“哟，这么小的一个瓶子，怎么能把你盛下呀，你一定在说谎，你再回到瓶子里让我看看吧。”

那巨魔听后，竟大笑说：“哈哈哈哈，我不会上当的！《天方夜谭》早把这个古老的故事说过了，我如果再钻入瓶子里，你把塞子塞上，我不就完蛋了吗？”

“你看过《天方夜谭》？真是一个博学多才之士呀！你看过苏格拉底的哲学著作吗？”

“哼！这500年来，我躲进瓶子里，穷读天下的经典著作，苦苦修行，莫说是西方的巨著，连中国的《大学》《中庸》《论语》《孟子》我都念得熟透了。”

“啊，那么《史记》你也颇有研究吧？墨子的著作也有涉猎吗？”

“别说了，经史子集无一不通！”

“不过，我想你一定没有见过《红楼梦》的手抄本，这是一部难得一见的版本呢！”

“哼！你这个小子太小觑我了，这本书的收藏者正是我呀！让我拿出来给你开开眼界吧！”

刚说完，只见巨魔立即又化作一阵浓烟，徐徐进入瓶子里。这时候，年轻的渔夫不再迟疑，连忙用瓶塞堵住了瓶子。

每个人都有可能是他兴趣所在领域的专家，激发对方的兴趣，你不仅会获得新知，有时加以利用，还能够逢凶化吉。年轻的渔夫就是利用这一点降服了巨魔。

与对方能够畅谈的原则，就是能够顺着对方的喜好，投其所好地交谈。心理学家告诉我们，对于不同类型的人要用不同的交谈方式。

1. 人际关系型

如果对方时常提到自己和某个人的关系，或是某个人和另一个人的关系，就代表他对人际关系很有兴趣。如果你让他知道你也懂得人际关系学，那么，他就会很喜欢和你谈下去。

2. 逻辑思维型

如果这个人说话有条理、很利索，而且用词精确，这种人通常喜欢有逻辑性地去思考，谈话滴水不漏。因此在对话时，你不能只是说出自己的感觉，尽量调动自己的“分析”因子，去分析事物背后的道理。

3. 情感丰富型

当你讨论到对于某个人或某件事情的想法，如果对方说出“这个人好可怜……”之类的话，代表他情感丰富，凡事凭感觉，而且好恶分明。面对这种人，不要谈理论、讲求逻辑分析，他对此可能一点兴趣也没有。

4. 艺术欣赏型

这种人喜欢谈论美术或音乐等话题，你可以和对方讨论最近最热门的商品设计或是音乐表演等，请教对方的意见，不仅让对方有一个表现的机会，你也能从中学到一些知识。

有一位学者曾说过：“如果你能和任何人连续谈上 10 分钟而让对方产生兴趣，那你便是一流的说话高手。”两个陌生人初次见面，如果不能善用机会，投其所好地找出话题，说不好该说的场面话，必然不能取得交谈的成功。投其所好，谈论别人感兴趣的事物，会使人感觉受到尊重，同时也是一种深刻了解别人，并与之愉快相处的方式。

引起亲切感的场面话

对于初次见面以及了解不深的人，如何借语言消除彼此之间的陌生感，缩短隔阂，以获得信赖，是一门大学问。

借由关心对方的家人或使用流行语引起强烈的亲切感，产生“同伙意识”，别人当然乐意与你交往。自古以来，许多政治家都具有使人觉得亲切的本事。他们懂得利用人性的各项弱点，使人心悦诚服，无条件地接受领导。

李真真是一位节目主持人，她十分懂得利用人们的微妙心理，借巧妙的场面话使人大受感动。

一次，她去日本录制一档真人秀节目，采访一个独自漂泊在日本的中国程序员。节目录制得很顺畅，李真真回到酒店后，立即拨通了国际电话，打给程序员远在湖南老家的父母："您好，我是主持人李真真，刚刚您的儿子接受了我的采访，他在日本一切都很好。"

两位老人非常感激李真真的热心和贴心，一直到后来，还经常向人谈论起这件事。

人在潜意识里，总是会特别惦念自己的父母、妻子等关系亲近的人，一旦发现对方也在关心着自己关心的人，或者具有相同的关心心态，大都会产生认同感。利用这种共同的心理倾向，先使人产生亲切感，接下来，自然能够成为受人欢迎的人物。

在日常生活中，常把"令尊好""嫂夫人好""孩子们可好"等问候语挂在嘴边，必能使他人觉得备受关心，深深感动。

有位知名播音员非常受观众欢迎，经常率团到各地巡回演出。每到一个新的地方，他一定要套用一两句当地的用语，以拉近和观众之间的距离。

这些事例，都基于同一原则——赢取亲切感。借由关心对方的家人，或是使用流行语、当地的方言，可以引起强烈的亲切感，产生同属一个团体的归属意识，强调"同伴""同伙"的关系，别人当然乐于与你交往。此外，巧妙选择称呼对方的方式，也能够成功营造同伙意识，增加亲切感。

由于工作的关系，日本心理学家多湖辉经常和美国人往来。在谈话当中，他发现西方人讲话时有一个共同点，就是他们习惯把对方的名字挂在嘴边，例如“谢谢您，多湖先生”“多湖先生，你的英文还不太行呢。”“再见了，多湖先生”等。

但是东方人多半只喊对方的官衔或职名，在交际应酬中，总是不习惯直呼名字。两种不同的称呼方式会导致不同效果，在与人交谈时，西方人透过称呼对方的名字，能够轻易获得亲切感，进一步促进彼此之间情感的交流。

称呼别人的名字，不以官衔、地位、职位等虚饰称呼，多能够缩短彼此之间的心理差距，于无形中产生亲切感，是把话说得更巧妙的有效技巧。

给别人面子就是给自己面子

场面上说话一定要给别人留情面，要知道给别人面子就等于是给自己面子，这样彼此之间才都有面子。

“人要脸，树要皮”，让你有面子的最有效方法：先给别人一点面子。

有位文化界朋友，每年都会受邀参加某单位的杂志评鉴工作。这项工作虽然报酬不多，但却是一项荣誉，很多人想参加却找不到门路，也有人只参加一两次，就再也没有机会了。有人问这位文化界人士，为何他能年年有此“殊荣”。他在年届退休，不再参加此项工作后才公开秘诀。

他说，他的专业眼光并不是关键，他的职位也不是重点，他之所以能年年被邀请，是因为他很会给面子。

他说，他在公开的评审会议上一定把握一个原则：多称赞、鼓励而少批评。但会议结束之后，他会找来杂志的编辑人员，私底下告诉他们编辑上的缺点。因此虽然杂志有先后名次，但每个人都保住了面子。正因为他顾虑到别人的面子，因此无论是承办该项业务的人员还是各杂志的编辑人员，都很尊敬他、喜欢他，当然也就每年找他当评审了。

在现代社会中，面子是一件很重要的事。如果你是个对面子无所谓的人，那么你必定是个不受欢迎的人；如果你是个只顾自己面子，却不顾别人面子的人，那么你必定是个要吃亏的人。

人们可以吃闷亏，也可以吃明亏，但就是不能吃没有面子的亏，要在社会上活得好，必须了解到这一点。这也就是很多老于世故的人不轻易在公开场合说一句批评别人的话的原因。

年轻人常犯的错误是，自以为有见解，自以为有口才，逮到机会就大发宏论，把别人批评得脸一阵红一阵白，他自己则大感痛快。如此下去，总有一天会吃到苦头。

事实上，给人面子并不难，也无关乎道德，大家都是在人性丛林里过生活，给人面子基本上就是一种互助。

第九章

全面沟通：跟谁都能聊得来

面对同事：十个高情商沟通技巧

在职场上，才干加上超时加班固然很重要，但懂得在关键时刻说适当的话，那也是成功的决定性因素。卓越的说话技巧、避免麻烦事落到自己身上、处理棘手的事务等，不仅能让你的工作生涯倍加轻松而收获满满。牢记以下10个句型，并在适当时刻派上用场，加薪与升职必然离你不远。

1. 以最委婉的方式传递坏消息句型：我们似乎碰到一些状况……

你刚刚才得知一件非常重要的工作出了问题，此时如果立刻冲到上司的办公室里报告这个坏消息，就算不关你的事，也只会让上司质疑你处理危机的能力。此时，你应该以不带情绪起伏的声调，从容不迫地说出本句型，千万别慌慌张张，也别使用“问题”

或“麻烦”这一类的字眼。要让上司觉得事情并非无法解决，而“我们”听起来像是你与上司站在同一阵线，并肩作战。

2. 上司传唤时责无旁贷句型：我马上处理！

冷静、迅速地做出这样的回答，会让上司认为你是一名有效率、听话的好部属；相反，犹豫不决的态度只会惹得任务本就繁重的上司的不快，夜里睡不好的时候，还可能迁怒到你头上呢！

3. 表现出团队精神句型：同事的主意真不错！

同事想出了一条连上司都赞赏的绝妙好计，你只恨脑筋动得没人家快。这时，与其拉长脸孔、暗自不爽，不如学习别人的长处。方法如下：趁上司听得到的时候说出本句型。一个不妒忌同事的部属，会让上司觉得此人本性纯良、富有团队精神，因而会对此人另眼看待。

4. 说服同事帮忙句型：这个报告没有你不行啦！

有件棘手的工作，你无法独立完成，非得找个人帮忙不可，于是你找上了那个对这方面工作最在行的同事。怎么开口才能让人家愿意助你一臂之力呢？口出机言，嘴讲善语，常思报答，好心人通常会答应你的请求。将来有功劳的时候别忘了记上人家一笔。

5. 巧妙避开你不知道的事句型：让我再认真地想一想，3 点以前给您答复好吗?

上司问了你某个与业务有关的问题，而你不知该如何作答，千万不可以说“不知道”。本句型不仅暂时为你解危，也让上司认为你在这件事情上很用心，一时之间竟不知该如何作答。不过，事后可得做足功课，按时交出你的答复。

6. 智退骚扰性句型：这种话好像不大适合在办公室讲喔！

如果有男同事的黄腔令你无法忍受，这句话保证让他们闭嘴。男人有时候确实喜欢开黄腔，但你很难判断他们是无心还是有意，这句话可以令无心的人明白，适可而止。如果他还没有闭嘴的意思，即构成了骚扰，你可以向有关人士举发。

7. 轻松而有量的工作句型："我了解这件事很重要；我们能不能先查一查手头上的工作，把最重要的排出个优先顺序？"

首先，强调你明白这件任务的重要性，然后请求上司的指示，为新任务与原有工作排出优先顺序，不着痕迹地让上司知道你的工作量其实很重，但却能有序而轻松地完成。

8. 恰如其分的客气句型：我很想听听您对某件案子的看法……

许多时候，你与高层要人共处一室，而你不得不说点话以避免冷清尴尬的局面。不过，这也是一个让你能够赢得高层青睐的绝佳时机。但说些什么好呢？每天的例行公事，绝不适合在这个时候将它搬出来讲；谈天气嘛，根本不会让高层对你留下印象。此时，最恰当的莫过于一个跟公司前景有关，而又给人启发的话题。问一个大老板关心又熟知的问题，在他滔滔不绝讲述心得的时候，你不仅获益良多，也会让他对你的求知上进之心刮目相看。

9. 承认疏忽但不引起上司不满句型：是我一时失察，不过幸好……

犯错在所难免，但是你陈述过失的方式，却能影响上司心目中对你的看法。勇于承认自己的过失非常重要，因为推卸责任只会让你看起来像个讨人厌、软弱无能、不堪重用的人，不过这不表示你就得因此对每个人道歉，诀窍在于别让所有的矛头都聚到自己身上，坦诚相告能淡化别人对你的过失去关注，转移众人的焦点。

10. 面对批评要表现冷静句型：谢谢你告诉我，我会仔细考虑你的建议。

自己苦心的成果却遭人修正或批评时，的确是一件令人苦恼的事。不需要将不满的情绪写在脸上，但是却应该让批评你工作成果的人知道，你已接收到他传递的信息。从善如流的表现会令你看起来更有自信、更值得人敬重，让人知道你并非一个刚愎自用或是经不起挫折的人。

下属交流：让人言听计从的技巧

如果你是领导，你在运筹帷幄制定了工作方案之后，一定不愿让它成为没有现实意义的海市蜃楼。那么，你必然会把你的方案传达到下属那里，并让他们付诸实施。如何使你的下属言听计从呢？有经验的领导会用好口才去激发下属接受任务和完成任务。

1. 指导和激励

帮助解决问题和创造成绩是最佳的方式。一般人希望领导是帮助他们提供方法、解决难题的导师，是他们创造成绩、争取进步的牵引者，而不希望领导是不懂装懂的蹩脚传令官。当你所领导的下属在各个方面都有比你突出的专长时，你的技术指导似乎苍白无力。然而不要怕，更高明的方法不是直接的技术指导，而是帮助你的下属找到创造成绩的契机，通过激励他们实现人的成功欲望，让他们心甘情愿地实施你的方案。

比如，某单位接受一个科研新项目，有些人觉得领导是在找麻烦。领导不动声色地在例会上讲："大家都知道，咱单位都是年轻人，谁也不会不想进步。但我昨天碰到一位老同志，他苦恼地对我讲，他一生虽算一头老黄牛苦苦干过来，可是遗憾没有科研成果，结果职称很低，到老也没什么好骄傲的。同志们，这位老同志的话给我很大的启发，我们在工作的同时不能不创造条件搞科研项目。所以，我向上级领导申请了一项科研任务……"说到这里，他已经把大家的成功欲望激发起来，"找麻烦"的念头烟消云散，领导的科研方案顺利落实。是的，一方面以事晓之、以理服之、以法示之，另一方面又以情动之、以利导之、以气鼓之，要让下属言听计从，已有80%以上的把握了。

2. 造势攻心

有些人偏偏会在你任务很急的时候，因为某种偶然的原因拒绝接受任务，怎么办呢？有经验的领导会造势攻心，不动声色地强制执行。

某厂想调一名政工干部去营销部，该干部闹了情绪，厂长找他谈话："咱厂近来按制度让几位干得不好的干部闲置起来做待聘处理，你不会不知道吧？你有口才，我决定让你到营销部闯一闯，你如不去，可没其他机会了。”在竞争激烈的今天，被闲置就是竞争失败者，厂长一番话，政工干部脸红了，心知利害，服从了厂部安排。

3. 巧用激将法

对有些人，你使用一下激将法，也能取得意外的好效果。军营指挥官一句："你敢立下军令状吗？”叫多少热血将士冲锋陷阵，立下赫赫战功；经理一句："你就不能胜过××，去争取最高工资？”令多少技术人员苦攻难关，创造惊人效益；而教师们运用激将法转化一些顽皮学生就不胜枚举了。又如，有位领导见一位年轻下属正在抓一个车间的改革试点，故意激他道："你这么点年龄，行吗？”年轻人答道："基本完成任务了，请领导验收吧！”领导见状，又有意激道："车间只是个小单位，你要能把咱厂的改革搞成功，我就服你！”年轻人红了脸："能让我试试吗？”领导于是让他当业务副厂长，年轻人竭尽全力开始他的改革方案……领导满意地笑了。

求职面试：不要小看自我介绍

在求职面试时，考官一般都要你先做个自我介绍。看似简单的一个问题，但如果处理得不好，就会全盘皆输。所以为了使用人单位全面、具体了解你自己，应实地向对方介绍自己的情况，即介绍与求职有关的、最主要的情况。与此有关的要介绍清楚，不要遗漏；与此无关的则不必介绍，以防眉毛胡子一把抓，反而冲淡了主要内容。

介绍自己的情况时一般包括以下几方面：

（1）一般情况。如姓名、年龄、工作或学习单位、家庭住址等。

（2）学历及工作经历。

（3）职业情况。将所从事工作的内容、时间、职务、效果、评价一一说清。

（4）其他情况。凡不属以上三方面的内容而又有必要加以介绍的情况，都可分小项介绍，如家庭成员、与本人的关系，也可专门介绍你的爱好和特长。

另外，如果对求职有什么要求，也可以专门介绍。

为了使录用单位更全面地了解自己，将自己的基本情况整理好，介绍出来，是一项重要的、必不可少的工作。

除了介绍自己的基本情况外，还可以适当地将自己的能力和才干表现出来。

求职者总要想方设法把自己的能力和才干表现出来，让招聘者了解自己。然而，表达自己的能力和才干也是一门艺术，如果一味地平铺直叙，大讲特讲自己比他人如何如何好，恐怕会给人自吹自擂不谦虚的印象，所以，在说出自己的能力后应作些补充说明。如果有条件的话，即使不补充，也可以让事实来说明问题。

某电信公司在招聘考试时，发现一位叫柳杉的应试者在校成绩不太好。

主考者问道："你的成绩不大好，是不是不太用功？"

柳杉回答说："说实在话，有的课我认为脱离实际，所以把时间全花在运动上了，所以身体特别好，还练就一身好功夫。”

主考者很感兴趣，让他表演一下，柳杉脱下衣服，一口气做了 100 多个俯卧撑，使主考者大为吃惊，立即录用了他。

有时稍稍抬高自己也是必要的。面谈者当然知道你不会“自道已短”，但别扯得太远，“吹嘘自己”时只要谈谈有关工作方面的内容即可，而且千万记住要用具体例子来做支持。比如说，你说“我和其他工作人员关系很好”时，别说到这里停止了，还要举一些具体事例来加以陈述，如“我总是与我的工作伙伴和属下有着相当融洽的关系，而且我也跟从前每一位上司都成为了好朋友”。此时应注意以下几点：

（1）只讲正面性的事。

（2）用证据来支持你的陈述。

（3）陈述的内容要集中在工作所需的资历之上。

（4）简明清晰不要超过 3 分钟。

（5）说完之后，可问对方是否还想知道得更多一些。让对方了解你的优点，从而录用你。

汇报工作：轻松赢得重视

在现代企业管理中，下级向上级汇报工作是再常见不过的了。特别是对那些经常要与老板打交道的员工或下属来说，在老板所交办的每一项工作完成之后，向老板进行必要的工作小结，更是必不可少的业务程序。

原则上说，只要是老板直接交办或委托他人交办的工作，无论大事小事，无论工作的结果是否圆满，均应向老板如实作出相应的汇报。

从管理的角度看，老板准确地掌握下属的工作总结的材料，有利于及时掌握工作进度及管理运行状况。对于员工和下属而言，如能掌握相应的汇报工作技巧，不仅有利于其自身素质的提高，而且，会进一步改善其在老板心目中的能力形象。

汇报工作，不能太简单，也不能太啰唆，关键是要说到点子上，没有哪一个上司会喜欢啰哩啰唆而又政绩平平的汇报者。汇报工作有时采取书面汇报，有时采取口头汇报，但不管是采取哪种形式，需要掌握具有共性的技巧有 4 个方面：

1. 理清思路

你在向老板汇报工作之前，应冷静地对工作过程进行反思。至于先说什么，后说什么；哪些问题简略地叙述，哪些问题必须详细地说明，都必须理出一个比较清晰的思路来。如果对待一个问题你自己都不能拿出一个比较完整、比较清晰的思路时，事实证明，你是无法或难以说服别人的。

汇报工作也是这样，如果不事先理清自己的思路，你是难以有条理地、层次分明地、有说服力地把自己做过的工作向老板汇报清楚的。

在向老板汇报工作之前，特别是在向老板汇报那些重大问题之前，必须先打腹稿，即先在脑海中把要汇报的问题以提纲的形式，列出一个分条目的小标题，记在心中，在汇报时逐条道来。当然，你也可以把这些提纲写在小本子上，作为向老板汇报工作时的备忘录。

2. 突出重点

任何一项工作都有自己的重点，即在任何工作程序中，各个环节的轻重缓急的分量是不同的。把握重点，常常意味着抓住了工作的要害。而这些要害问题又往往关系着企业和老板事业的大局或重大利益。所以，老板听你的汇报，或看你的汇报材料，所关心的根本问题，就是你对工作中的重点问题的处理结果如何。在具体操作时，你应掌握俗语所讲的“事不过三”的原则。即在一般情况下员工或下属向上司或老板汇报工作时，每次交谈的重点事项、关键问题，只谈 1 个或 1 件，最多不要超过 3 个或 3 件。

我们身边常有这样的上级，他们在总结工作或做指示时，一般情况下总是“讲 3 条内容”“提 3 点建议”或“希望大家从 3 方面去做好工作”。事实说明，那些往往把问题或意见或指示归纳为 3 个数，而加以罗列的领导人，大多都比较干练，且办事效率相当高。尽管这不是绝对的现象，但却是一个有趣的现象。

因此，员工或下属在向领导人汇报工作或交谈问题时，注意每次只强调一个问题，只突出一个重点，最多不超过 3 个问题或 3 件事情。这不仅有利于老板或上司理清思路，迅速决断，同时，还会使老板或上司对你的能力和效率表示好感。

所以，从一定意义上讲，善于掌握重点，突出重点，并把重点问题向老板描述清楚，不仅是一个方法和技巧问题，更是一个素养和能力问题。

3. 删繁就简

无论是作口头汇报，还是作书面汇报，你都必须注意删繁就简的问题。因为它不仅是技巧，而且是原则。

所谓删繁就简，就是要把一切不必要的话语从汇报中予以删除。否则，就会出现两种不利的影响。一是让人感到你思维混乱，思路不清，不知所云；二是让人感到你文风不正，似有哗众取宠之嫌。更何况还有“话多有失”的时候。

删繁就简，与其说是一种技巧，不如说是一种原则。

在具体操作上，我们可以这样进行：假如你要以书面的形式向老板汇报工作，那么，你就应该把文章尽量写得简练一些，按照鲁迅的说法，“写完后至少看两遍，竭力将可有可无的字、句、段删去，毫不可惜。宁可将可用小说的材料缩成速写，决不将速写材料拉成小说”。

假如你是以口头形式向老板汇报工作，则必须注意掌握老板问什么答什么的原则和策略，不做无谓的拓展和借题发挥。比如，老板只问到事情的结果，你就只叙述结果，不要涉及事情的过程。因为，老板可能对事情的过程不感兴趣。事实证明，对别人不感兴趣的问题，滥加描述，只会招致反感。

4. 恭请老板评点

当你向老板汇报完工作之后，不要马上一走了事。聪明人的做法是：主动请老板对自己的工作总结给予评点。

通常，老板对于下属的工作总结大都会有一个评断，不同的是有一些评断他可能公开讲出来，而另一些评断他可能保留在心里。事实上那些保留在心里的评断，有时却是最重要的评断，对此，你决不可大意。反之，你应该以真诚的态度去征求老板的意见，让老板把心里话讲出来。

对于老板的诚恳的评点，即便是逆耳之言，你均应以认真的精神、负责的态度去领会反思。因为，老板之所以能够站到老板的位置上，肯定在很多方面有着强于你的优点。

老板的诚恳评点，无疑是他把自己的智慧无偿地给了你，你何不乐而接受呢？

同时，也只有那些能够虚心接受老板评点的员工和下属，才能够被老板不断委以重任。

那些经常与老板打交道的员工和下属，如能掌握上述汇报工作的技巧，必定能不断提高工作能力和格局品位，自然也会受到老板的信任与赏识。

商务谈判：唇枪舌剑间掌控大局

谈判，是一种过程，也是一种较量，是谋略的较量，也是口才的较量，不具备一流的口才，是无法进入实际的谈判过程的，学好谈判的各种口才技巧，将使你出奇制胜，达成双赢。

下面我们一起看看有哪几种技巧：

1. 虚张声势

为了让对方产生一种立刻购买的欲望，在推销产品的谈判过程中，可恰当地给对方造成一点悬念，让他有点紧迫感，产生“现在是购买的最佳时机，否则将会错过很好的机会”的感觉，促使他立即与你成交。

比如你可以这样说：“这种商品的原材料已经准备提价了，

所以这种商品也将会因此面价格上涨的。”

或者说：“我公司从下个季度起可能会因人手不够而减少这种商品的供应量。”

这种方法就是积极主动地去刺激顾客，调动顾客的购买欲，这在推销过程中是很重要的。如果你只是一味等待顾客来与你洽谈，让主动权掌握在顾客手中，你的推销谈判将不会成功。

2. 制造优势

谈判中双方在条件、地位等方面的优势是起决定作用的。但是，谈判是一个动态系统，各项条件是可以变化的。在总体不利的时候，可以采用一些策略，来制造自己的优势。有些人在谈判中刚毅果断、不苟言笑；有些人更愿意谦恭节制、平心静气。无论哪种谈判风格，都是外在的表现形式，无法影响买家的立场。取得谈判的优势不在于你的言谈举止，关键是你能否改变双方心理优势的对比。

谈判双方的确存在着客观的差距。在一条产业链中，生产企业一定会在很多方面受制，比如彩电企业的产品价格受显像管企业的影响，当年四川长虹囤积彩管，其目的就是要建立客观的比较竞争优势；影碟机企业被几家掌握核心技术的芯片公司制约，每台机器将被索取一定的专利费。这些现实条件是无法改变的，你唯一能够改变的是双方的心理，在很多时候，谈判者心里的感觉或印象要比客观现实更具影响力和说服力。

如果谈判仅仅停留在客观条件的层面上，那就不再需要研究什么技巧了。谈判的优势存在于每个人的心智中，如果你能建立起对对方的心理优势，能够改变对方的立场，那么你就能成交一笔出色的交易，无论你是买方还是卖方。

谈判桌上的信息虚虚实实、真真假假，信息的掌握也各有不同，买方会用尽各种办法让你相信他们比你更有优势。最常使用并且效果最佳的方法就是拿竞争对手来压你，他们会在事前对竞争者进行充分的调查，谈判时突然拿出数十张数据资料使你信以为真，这一招确实屡试不爽，缺乏经验的谈判者会立刻手足无措，顷刻间失去了所有的优势。通常在这种场景中，心理素质决定着谈判的优势。首先我们要明确一点，买家需要与你做交易，否则他们可以直接同竞争者合作，何必再浪费时间和精力与你讨价还价。既然各有所需，就不要被竞争者的报价所迷惑，坚定你的谈判立场，不要轻易做出让步。

3. 逆向思维

在商务谈判中，如突遇紧急情况百思不得其解时，可以从反向角度即倒过来想想看，有时能取得意想不到的效果。

什么是逆向思维法？或者下面这个小故事能给你启示。

张阿姨辛苦了一辈子，好不容易熬到退休，在一个学校附近买了一套房子。刚搬进去的前几个星期还很安静，可没过多久，经常会有三个孩子在家附近闹着玩，他们最常做的就是踢垃圾桶。张阿姨实在忍受不了这些噪音，就出去跟年轻人谈判。

“孩子们，你们玩得开心。”张阿姨说，“我看你们这么高兴，我也很开心。这样吧，如果你们每天都来踢垃圾桶，我就每天给你们一人一块钱。”

三个孩子听了很高兴，从此之后天天来这里卖力地表演“脚下功夫”。

不料三天后，张阿姨忧愁地说：“我的收入有限，这个月花了很多钱，从明天起，只能给你们每人五毛钱了。”

孩子们听了不大开心，但还是接受了张阿姨的条件，每天继续踢垃圾桶。

一周后，张阿姨又对他们说：“我的生活越来越拮据了，对不起，孩子们，从明天开始只能给你们两毛钱了。”

“什么？两毛钱？”一个孩子不高兴地喊，“我们才不会为了区区两毛钱浪费宝贵的时间在这里表演呢，不干了！”

从此以后，老人又过上了安静的日子。

要想做一个称职的谈判职手，不妨利用逆向思维，先给对方一点“甜头”，然后在慢慢将其控制在股掌之中，事情的结果才能向自己意愿发展。

4. 躲避式应答

卡耐基指出，在谈判中，正确的答复未必是最好的答复。应答的艺术，在于知道什么应该说，什么不应该说。对有些问题不值得答复，可以表示无可奉告，或置之不理，或转换话题；对有些问题进行全面回答，倒不如只回答问题的一部分更有利；对有些问题不能作正面回答，可以采取答非所问的回避方法。这类应答方式，称为躲避式应答。

谈判中，回答对方的问题之前，要让自己获得充分思考的时间。争取充分时间，可以请对方澄清他所提出的问题。例如：

“请您把这个问题再说一次。”

“我不十分了解您的意思。”

也可以借“记不太清楚了”“资料不够完备”“我们对这个问题尚未做认真的考虑”等话，来拖延答复的时间。

还可以往领导或权威人物那里推托，或者让自己的助手做一些无关紧要的、非实质性的答复。总之宁可装聋作哑，大智若愚，也不能自作聪明，给人抓住把柄。

运用“装聋作哑”谈判技巧，常用的词语有：“这个问题么，要看……而定。”

“对于这件事情，我没有直接经手，但我听说是这样的……”

“结论先不忙下，还是让我们谈谈事情的经过吧。”

“在我回答这个问题之前，你必须先了解一下事情的来龙去脉，那是开始于……”

“那不是‘是’或‘否’的问题，而是程度上多少的问题。”

“这是一个一般性的问题，通常的处理方法是……”

“你应当知道，事情绝非这一个原因，还有许多因素能导致这种后果，比方说……”

“我不想谈论这个问题，但是……”

“我不想谈论这个问题，因为……”

“这是一个专门性的问题，让我们下次再专门讨论吧！”

“请把这个问题分成几个部分来说。”

对对方提出的问题，也可以佯装没听见，当然就用不着回答了。

5. 刨根问底

面对回避和含糊不清的问题，多问些为什么。

尤其在商务谈判的过程中，必须能够寻找出对方可以妥协和让步的地方。对方在哪些方面躲躲闪闪，在哪些地方避而不谈，便可以此为突破口，击中对方的要害。这时你需要有穷追不舍的精神，打破砂锅问到底，最好的方式是多问“为什么”。

如果对方继续解释，就可以抓住他的要害，从而解决问题。同时，一些聪明的谈判对手，也会经常提出一些含糊不清的问题，这问题也是可以做多种解释的问题，目的是套出你的话。

针对这些问题，在你没有了解对方的意图或问题本身的含义之前，千万不要轻易回答，更不要做正面回答，你最好回答一些非常概括、原则的问题。轻易地将自己一方的真实情况毫无保留地泄露给对方是极不明智的。

6. 有的放矢

有的放矢是谈判语言表达针对性原则的实际应用。然而，面对不同的谈判对象，谈判者要真正能娴熟、有效地运用却并非易事。要知道，纸上谈兵终不如人们在谈判实践中的体会来得真切与深刻。谈判语言表达的方法与技巧更需要人们在谈判实践的过程中进一步去总结、思考、提高。

话剧《陈毅市长》中陈毅与上海前代理市长、化学家齐仰之有一场成功对话。

剧中的齐仰之因社会混乱，心灰意冷，闭门谢客，并规定了“闲谈不得超过三分钟”的禁令。身为新任市长的陈毅，为动员这位试图与世隔绝的老化学家参加新中国的建设，下了很大的决心并费了不少周折才敲开齐仰之的家门，下面是他们的对话：

陈毅："齐仰之先生虽是海内外闻名的化学家，可是对有一门化学，齐先生也许一窍不通！"

对于潜心于化学研究的齐仰之来说，他所关心的莫过于化学了，现在听说还有一门化学自己一窍不通，便要问个明白，他自己先解除了时间的禁令。

齐仰之："今日可以破此一例，请陈市长尽情尽意言之。"当陈毅向他说明了共产党的"化学"之后，齐仰之："这种化学，与我何干，不知亦不为耻！"

陈毅："先生之言差矣！孟子说：'大而化谓之圣。'社会若不起革命变化，实验室里也无法进行化学变化。齐先生自己也说嘛，致力于化学40余年，而建树不多，啥子道理哟？齐先生从海外学成归国，雄心勃勃，一心想振兴中国的医药工业，可是旧政府腐败无能，毫不重视。齐先生奔走呼吁，尽遭冷遇，以致心灰意冷，躲进书斋，闭门研究学问以自娱，从此不再过问世事。齐先生之所以英雄无用武之地，岂不是当时腐败的社会造成的吗？"

齐仰之："是啊，归国之后，看到偌大的一个中国，举目皆是外商所开设的药厂、药店，所有药品几乎全靠进口……这真叫我痛心疾首。我也曾找宋子文谈过兴办中国医药工业之事，可他竟说外国药用也用不完，再搞中国药岂不多此一举？我几乎气昏了……"

陈毅："可如今不一样了！……如今建国伊始，百废待举，这不正是齐先生实现多年梦想，大有作为之时吗？"

齐仰之："你们真的要办药厂？"

陈毅："人民非常需要！"

齐仰之："希望我也……"

陈毅："否则我怎么会深夜来访？"

此时齐仰之才如梦初醒，承认自己一是"对新中国的革命化学毫无所知"，二是"自己身上还有不少酸性"。

陈毅："我的身上倒有不少碱性，你我碰到一起，不就中和了？"

齐仰之："妙，妙！陈市长真不愧是优秀的化学家，没想到你的光临使我这个多年不问政治、不问世事的老朽也起了化学变化！"

陈毅："我哪里是什么化学家呀！我只是一个剂，是个催化剂！"

大家熟知，陈毅是行伍出身，又是高级干部，一向以坦率耿直著称。为实现说服齐仰之的"谈判目的"，就要克服重重障碍，包括转变自身传统语言表达风格的困难。对此，陈毅确实需要下很大的决心。这场谈判的成功，一是在于陈毅针对齐仰之的职业特点，以"化学"话题作为突破口，使齐先生自动地取消了自己设置的"禁令"；二是陈毅针对齐先生作为传统文人的身份和一生中一再碰壁的经历，在谈论用词上颇为用心。例如陈毅使用了"一窍不通""先生之差矣""孟子说"，以及"碱性""中和""催化剂"等化学名词。这种有的放矢的语言表达技巧，终于使原本拒不见客、心灰意冷的老化学家重新燃起已冷却多年的事业心，投身到新中国建设事业的行列中来。陈毅的"谈判目的"通过运用有的放矢的语言技巧，最终顺利实现。

7. 舍小求大

谈判中有一条原则，叫做“统筹计算”。在许多综合性谈判中，议题往往有好几个，具体争论点可能会更多。善于谈判的人不是处处都“以牙还牙”，寸步不让，而是做到让少得多，让小得大。谈判中时刻要有全盘的统筹计划，这才是聪明而又高明的谈判家。谈判中有些无关紧要的问题，最好不要争论。请看下面这个例子：

国内一家电子公司欲向意大利某进出口公司出售电子原件制造设备，派人去佛罗伦萨与对方洽谈。

谈判还没有进入正题时，双方为活跃气氛闲聊了起来，却因最近正上映的一部悬疑电影发生了争执。双方各执一词，对电影结局有着不同的见解。中方代表还想要发表高论时，同去的同事在桌下轻轻踢了他一下，然后说：“意大利朋友说的对，我也不同意你的观点。”

在回去的路上，这位同事说：为了一部电影，撇下了谈判的主题，破坏了气氛，真是得不偿失。他又说：“真正赢得优势，取得胜利的方法绝不是这种争论，这样的争论有时能获得优越感，但是却永远得不到好感。”

从根本上说，以上争论的两人，都是凭意气用事，忘了谈判的“统筹”原则和舍小求大的技巧。

8. 打好外围战

谈判中，面对面之外的外围战相当重要。先外围后内里，先低层后高层，先幕后再公开，在谈判场外找到双方的共同点，可以为场内谈判造就相对优势。谈判中的外围战，是联络感情、沟通信息、影响对手的手段，是对正式谈判的一种补充。

9. 限时限量

给优柔寡断的人一个“千万别错过”式的暗示。

“迷惑”是人类心理状态的一种，在人的潜意识里，总认为还会有更好的存在。人的意识深处都藏有相当浓厚的寻求更好的欲望，这种欲望就是造成“迷惑”的主要原因。

妨碍果断行动的潜在心理，往往都是因为“还有”的意识存在。如果在限定的时间内，迫使对方作出决策，他就能够在很短的时间内作出决定。

比如在销售谈判中，卖方对正在犹豫不决、无法下决心购买的买方可以这样说：

“错过今天，明天就要涨价了。”

“如果我方这个星期内收不到货款，这批货就无法为你方保留了。”

“如果你方不能在月底之前给我们订单，我们将无法在下个月交货。”

买方也可以说：

“我方再过半个月之后就无力购买了。”

“我方要在月底前完成全部订货。”

“这是我们的生产计划书，如果你们不能如期完成，我们只好另找门路。”

当然，限定的方式并不只是时间，也可以表现在数量上：“存货不多，欲购从速。”

“只送给前50名购买者。”

主持会议：驾驭听众的沟通术

会议，是现代社会非常重要的一种组织形式。各行各业都离不开会议，小到晨会、周会、项目讨论会，大到年会、商会、庆功会、招待会。一场会议的成功与否，除了流程设置、会议内容外，会议主持者也起到了非常关键作用。俗话说“大海航行靠舵手”，在会议中，这个舵手就是主持者。

那么，主持者有哪些驾驭听众的秘诀呢？可以归纳为以下八点：

1. 主持人的开场技巧

俗话说：“好的开头是成功的一半。”会议主持者的表达是否受与会者欢迎，很大程度上取决于开场白。

先来看一下普通的会议主持是如何开场的：“大家都到齐了吧？看一下各部门都到齐没有，到齐之后我们就正式开会。”以这样散漫的方式作为会议的开场白，显然与会者很难进入到会议的角色中，所以我们要设计一种仪式感，最简单的方式就是来一个集体问候，比如说：“我可以请全体起立吗？”然后问候大家：“大家上午好！”得到了与会者的集体回应后，再请全体人员坐下。这样一个简单的问候，可以让在场的人迅速进入到会议的角色中来。

之后，主持者应该直奔会议主题，简明地表达出这次会议要讨论的内容或是要解决的问题。如果此次会议与上一次会议内容相关，还要简要地介绍一下上次会议的情况，但是别忘记这次会议的重点，不能让自己的谈话离题万里。

2. 切忌“重复啰唆”和“轻描淡写”

一些主持者在会议中常啰里啰唆，发表长篇大论，以此显示自己的水平和对工作的重视。殊不知，开会最忌讳的就是围绕一件事翻来覆去地说，或者中间夹杂其他的内容，这样的做法浪费了与会者的时间和精力，让他们心生厌烦。在主持时，只要将工作的关键环节、重点要求等交待清楚就可以了，没必要反反复复地强调。

与“重复啰唆”完全相反的情况就是“轻描淡写”。主持者往往只有“现在我们开始开会了”，“请 ××× 发表讲话”，“今天的会议到此结束”等简单干巴的话，其他内容则一概不提。主持者自认为这是办事爽快、雷厉风行的体现。其实，这样做并没有尽到主持人的职责，是工作不负责任的表现。

要知道，会议主持者除了发挥穿针引线、承上启下的作用外，在不同类型的会上还有着不同的作用。在学术研讨会上，要起到提出观点、引导讨论的作用；在经验交流会上，要起到肯定做法、总结推广的作用；在工作布置会上，要起到落实措施、提出要求的作用；在庆功表彰会上，要起到激励先进、号召与会者学习的作用。主持者只有将主持内容与召开会议的目的有机结合起来，才能达到预期的效果，才是成功的主持者。

3. 调整自己的声音和语速

尖锐的高音会破坏一个人的形象。从医学角度讲，声音的音频超过一定程度就会让听者产生不安的情绪，严重的时候还会让人变得焦躁。但音量过低，又会给人一种底气不足、自卑怯懦的感觉。一个成功的主持者，说话都是音量适中，声音低沉而又有力。这种声音有一种沉稳的感觉，能吸引每一位参会的人。

语速也影响表达的效果。主持者在主持会议时，要不时地变换说话的速度，或者适度地停顿一会儿。因为一个人无论准备得多么充分，都有可能记不起自己要强调的重点，这种情况下，应该放慢语速或适当停顿，整理好思绪再说。总之，不要让嘴巴转得比脑子还快。

4. 调动与会者的参与意识

在会议进程中，主持者应该学会引导与会者的情绪，让他们表达自己的观点，增强他们的参与意识。可以多使用下列短句，如“让我们一起来思考”，“为了我们的共同利益”等。主持者要明白，和与会者沟通得越少，自己得到的支持也就越少，对与会者的了解就越少，会议取得的成果也就越小。

5. 学会控制会议气氛

身为主持者还应根据会议类型变换语言、语气。如主持小型座谈会时，要力求语言活泼、语气轻松，努力为与会者畅所欲言营造宽松的氛围；主持大型会议时，则要力求语言朴实、语气平缓，努力为大会营造庄重严肃的气氛。

6. 学会随机应变

一个成功的会议主持者都有随机应变的能力，能够灵巧变通，巧妙地调整表达方式。比如在座谈讨论会上，当与会者彼此意见不一致，甚至发生争吵时，主持者就要及时圆场。或接过话题自己说，把争论双方的注意力转移到其他地方；或打感情牌，帮助双方寻找共同点，缩小彼此心理上的距离；或将不同的意见进行整理和归纳，提出双方都能接受的观点。

7. 主持者要敢于“抢话”

每场会议的时间是有规定的，因此，在会议上，主持者应该争分夺秒。有时在会议讨论时，人多口杂，尤其是一些爱表达的人，常常在会议中滔滔不绝，甚至讲了很多与会议无关的话语。这时，身为主持者的你要敢于“抢话”。想要及时打断这种发言者，可以抓住他说出的与会议有关的语句，然后去问另外一人对这个观点怎么看；或者考虑使用另一种更直接的方法，如：“我们还有其他的事亟待解决，这个问题先放一放，等会后再讨论。”

8. 重视会议的总结发言

通常会议在即将结束时，主持者还要做出综合归纳和总结发言，这才算是圆满地主持了一场会议。没有总结，会议便是虎头蛇尾。在会议总结发言中，主持者应提纲挈领地将会议中提及的重点强调一次，同时要给与会者积极的鼓励，这样做有三个目的：

（1）让与会者加深对本次会议主旨的领会。

（2）让与会者对接下来的工作分工、安排更加深刻明晰。

（3）鼓舞大家的士气，增加凝聚力和日后工作的动力。

总而言之，一场会议要想取得好的效果不容易，期间出现的变数也是不可预估的，这就要求会议主持者在主持中灵活掌握以上几点技巧，同时还要理论结合实际，在实践中不断地总结方法，使会议的主持更加精彩，令自己的表达更具魅力。

客户畅聊：通过沟通建立信赖感

现代营销充满竞争，产品的价格、品质和服务的差异已经变得越来越小。推销人员也逐步意识到竞争核心正聚焦于自身，懂得“推销产品，首先要推销自我”的道理。要“推销自我”，首先必须赢得客户的信任，没有客户信任，就没有展示自身才华的机会，更无从谈起赢得销售成功的结果。要想取得客户的信任，可以从以下几个方面去努力。

1. 自信+专业

“自信等于成功的一半”，自信心对营销人员非常重要，它直接展示你的精神面貌，无形中向客户传递了你的信心。试想，一位推销人员对自己和公司都缺乏信心，那么要让客户信任和接受你则是很难的。

但我们也应该认识到，在推销人员必须具备自信的同时，一味强调自信心显然又是不够的，因为自信的表现和发挥需要一定的基础——“专业”。也就是说，当你和客户交往时，你对交流内容的理解应该力求有“专家”的认识深度，这样让客户在和你沟通中每次都有所收获，进而拉近距离，提升信任度。另外，自身专业素养的不断提高，也有助于自信心的进一步强化，形成良性循环。

2. 提问消除对方疑虑

一位保险销售员在打消客户的疑惑、取得客户对自己的信任方面有一套独特的方法。

“先生，您好！”

“你是谁啊？”

“我是××保险公司的销售人员，今天我到贵地，有两件事专程来请教您这位附近最有名的老板。”

“附近最有名的老板？”

“是啊！根据我打听的结果，大伙儿都说这个问题最好请教您。”

“喔！大伙儿都说是我啊！真不敢当，到底什么问题呢？”

“实不相瞒，是如何有效地规避税收和风险的事。”

“站着不方便，请进来说话吧！”

“……”

突然地推销，未免显得有点唐突，而且很容易招致别人的反感，以至于被拒绝，先拐弯抹角地恭维客户，打消客户的疑惑，取得客户的信赖感。推销便成了顺理成章的事。

提出相关的问题，并善意地为顾客解决问题，做顾客的朋友，是打消顾客顾虑的有效方法。

3. 帮客户买，让客户选

推销人员在详尽阐述自身优势后，不要急于单方面下结论，而是建议客户多方面了解其他信息，并申明：相信客户经过客观评价后会做出正确选择的。这样的沟通方式能让客户感觉到他是拥有主动选择的权利的，和你的沟通是轻松的，体会你所做的一切是帮助他更多地了解信息，并能自主做出购买决策，从而让你和客户拥有更多的沟通机会，最终建立紧密和信任的关系。

4. 成功案例，强化信心保证

许多企业的销售资料中都有一定篇幅介绍本公司的典型客户，推销人员应该积极借助企业的成功案例，消除客户的疑虑，赢得客户的信任。在借用成功案例向新客户做宣传时，不应只是介绍老客户名称，还应有尽量详细的其他客户资料和信息，如公司背景、产品使用情况、联系部门、相关人员、联络电话及其他说明等，单纯告知案例名称而不能提供具体细节的情况，会给客户留下诸多疑问。比如，怀疑你所介绍的成功案例是虚假的，甚至根本就不存在。所以，细致介绍成功案例，准确答复客户询问非常重要，用好成功案例能在你建立客户信任工作上发挥重要作用——“事实胜于雄辩”。

求人办事：“心理共鸣”求人法

古话有云：“人同此心，心同此理。要人敬己，必先己敬人，你敬人一尺，人敬你一丈。”人际交往就有这样的互补性报偿，报偿是一种自觉不自觉的社会动机，只有尽可能地尊重一个人，才能尽可能地要求一个人。情不通则理不达，从某种意义上来说，以情为先是进入对方内心世界、产生亲和力的重要因素。只有实现心灵的交流和情感的沟通，才能使对方心悦诚服。

我们若想得到亲人、朋友、上司、同事、下属的真心帮助，更需要将心比心，多从他人的立场、利益出发来思考，将之巧妙地转化为自己的陈述话语，将话说进对方的心坎里，寓理于情，从而成功求助。同时，在待人接物时，话语中一定要充满着真情实意，这样才会产生语言魅力和感染力，从而取得圆满的实际效果，否则就会事倍功半，背道而驰。

王莹是一家燕窝品牌的创始人，在刚创立这个品牌时，公司仅有3位员工。如今事业不断发展，她的公司已有300多人，经销商也遍布全国。她成功的秘诀就是在待人之道上，对下属尊重，平等待人，一视同仁。而这位女企业家所以履行尊重人的待人之道，是因为她年轻时和经理沟通，受过一次冷遇，那位经理根本不把她放在眼里，她的自尊心受到了伤害。她创立品牌后，就把尊重属下、一视同仁视为金科玉律，她的下属自然尽心竭力为公司奋斗，才使得公司得以迅速成长。

做人要有人情味，真正的强者，都是最善顺人情人意的人。“假如换了我，我该怎么办？”这乃是说服技巧的第一步。通过角色互换，使对方有转换立场的模拟感觉，借此模拟感觉而达到说服对方、获得对方支持的目的。

高菲菲从小就渴望当演员，长大后如愿以偿进入了北影。她在表演方面很有天赋，刚毕业就有导演找她拍戏。高菲菲出演了几部电视剧，虽然是配角的身份，在圈内却获得了不俗的口碑。可就在上升期，她的健康状况出现了问题，不得不放弃她热爱的的演绎事业。

当高菲菲复出时，已将近四十岁，根本找不到符合她年龄的角色。但她不想放弃自己，于是不停向导演们推荐自己：“假如您像我一样，正处于三四十岁的尴尬年龄段，您会如何选择？虽然我不再拥有少女脸，但凭我的阅历和实力，我有信心突破年龄的围城，为观众呈现更好的作品。”终于，一位女导演被她打动，同意请她出演自己的新剧。

任何人对自己的事，总是怀有很大的兴趣和关切。这位年轻人如果不以“如果您的孩子和我一样”作为说服战术的话，他哪会进西点？

要说服他人，先得使他设身处地，对自己困难的问题感到切肤之痛，兴起极端关切。别人在回答“如果你是我……”的问题时，不自觉地便把自己投影在该问题中了，他已经开始感受到你的处境了。

如果想让说服取得成功，就要做到情与理的密切结合、综合运用和交替转化。如果没有情感的配合，只说些抽象的道理，将缺少震撼人心的力量及共鸣，更难以使人折服，具体可以参考以下两点：

1. 从对方的角度思考

每个人都有自己想问题的观点和角度，有自己特定的意愿和需求。在说服对方接受自己的观点之前，先从对方的角度思考怎样才能更容易接受。把充分了解对方意愿和想法的工作做在说服之前。如果只凭自己个人主观，认为怎样好就怎样做，容易导致说服失败。

2. 以事实引路，激发情感

想要取得良好的说服效果，就要从说服内容和被说服者的思想实际出发。在说服过程中有针对性地引用一些特例，再用真诚的态度讲明个中利害，引起对方情感的共鸣，自然而然地就达到想要的效果。

总之，在说服中，晓之以理是重要的一方面，以情动人则更是一个不可忽略的方面。情与理结合，理借情动人，这就是说服别人的最有效的方法之一。

恋爱谈心：能言善语虏获真心

如果碰到令自己心动的对象，应该适时地表达自己的爱意。不过，对女人而言，采用含蓄的方式更为妥当。

有这样一位姑娘，长得相当标致，在选择对象时总是以“×××”为标准，可是青春易逝，一晃姑娘已是近30岁的“大龄人”了。这次，姑娘终于在一次相亲饭局中和一位高个头、风度翩翩的小伙子相识了，姑娘很是高兴，唯恐失去自己的“意中人”，便急匆匆地表达出自己对对方的爱慕之情：“我们结婚吧！”结果可想而知，小伙子认定姑娘一定有什么不可告人的隐私，才会这么急切地要立即结婚，小心翼翼地和她分了手。

如果含蓄地表达，插柳不让春知道，很可能就不会是如此的结局了。同时，含蓄地表达，是一种文雅而知礼的表现，容易被人们所接受。

含蓄地表达爱情，首先可使话语具有弹性，不致对方一拒绝就没有挽回局面的余地。另外，这也符合恋爱时的那种羞怯心理，易于掌握。

1. 暗示法

陈毅与张茜是一对情爱甚笃的革命情侣。早在20世纪

30年代的戎马生涯中，陈毅对张茜就产生了一种超常的感情。为了暗示自己深切的爱情之意，陈毅写了一首《赞春兰》，送给了张茜（当时张茜的字叫“春兰”）。诗中这样写道：“小箭含胎初出岗，似是欲绽蕊露黄。娇艳高雅世难觅，万紫千红妒幽香。”张茜从这首诗中领悟了陈毅的深情，从此两个人确定了恋爱关系，那首《赞春兰》也就成了他们之间的“定情”之物。

英国著名哲学家培根说过：“交谈时的含蓄和得体，比口若悬河更可贵。”但有些青年人，总喜欢用狂热的语言、露骨的方式高温化地向恋人表达自己的爱情，它缺乏一种含蓄之美，结果往往是引起对方的反感，弄得事与愿违。

2. 以物传情法

以物传情法，就是在运用语言表达爱情的同时，借用物品传达情意，也起到了含蓄地表达爱情的目的。例如，马克思向燕妮求爱时，送燕妮一个放有一面小镜子的方盒，用的就是以物传情法。

在《红楼梦》中也有这样的情节：宝玉给黛玉送手帕。

宝玉挨打后，黛玉去怡红院看望他。宝玉伤势很重，黛玉很心疼，双眼哭得红肿。到了晚上，宝玉十分牵挂黛玉，便派丫鬟晴雯去看望黛玉。晴雯表示就这么空手过去很尴尬，最好能送点东西。宝玉便拿出两条手帕。晴雯不理解宝玉的行为，宝玉却说：“你放心去吧！林妹妹看了后，自然会明白我的意思。”

晴雯将手帕转交给黛玉，聪慧的黛玉果然马上就明白了宝玉的一番苦心。手帕由“丝”织成，代表着满腔相思之意，宝玉是想借手帕表达对黛玉的情之所钟。想到这里，黛玉悲喜交加，在手帕上题了三首情诗，这也是二人感情明朗化的开始。

古代人表达爱意是很含蓄的，相恋的人不能明目张胆，只能以物传情。所以，一朵花，一把折扇，一个香囊，一块手帕，都是美好姻缘的缔结者。宝玉送给黛玉的两块旧手帕，正是想传达他内心深处最真切的思念和爱意。

3. 表示关心法

鲁迅先生的《两地书》中，收进了他写给夫人许广平的许多信件，记载了这位文学巨匠表达爱情的特殊方式，给了我们非常有益的启示。如信中常这样写道：“应该擅自保养，使我放心。”这些关怀备至、体贴入微的话语，比起那种空洞无物的抒情、赞美的话语来说，要有感情多了。

爱意有时就像是露珠，你越直接，它消失得越快，因此要学会含蓄地表达爱意——既能传递爱意，又要使对方愉悦地接受、感知。

4. 表达感受法

例如直说“我喜欢和你在一起”，就不如说“我和你在一起的时候，总觉得时间过得那么快，真是光阴似箭；和你分别后，又觉得时间过得那么慢，真像是度日如年”。

又如说“我十分想念你”，就不如说：“真不知怎么搞的，每当我做完工作，一静下来，你就在我的脑际浮现，我就想起我们在一起的日子。”

含蓄地表达爱情的方法各种各样，要根据具体人、具体情况来灵活运用。例如你的恋人是一位文化水平不高的人，你就不能采用深奥难懂的诗赠给对方的方式。如果这样，非但不能达到表示爱情的目的，甚至有可能会引起不必要的误会。

亲子教育：拒绝“暴力沟通”

现在很多父母都感觉跟孩子讲道理是非常难的一件事。父母说得天花乱坠，孩子却这耳朵进，那耳朵出，一不留神，孩子还逮着个错反诘父母半天。有些父母能与孩子说得眉飞色舞、热火朝天，有些父母却很少与孩子讨论什么。他们与孩子说话，往往说上个三五句，孩子不耐烦，父母也没词了。为什么父母和孩子会发生沟通危机呢？又怎样和孩子沟通呢？

“沟通”一词，《中文大辞典》的解释是：“穿沟通达也；疏通意见，使之融洽。”用时下的语言，就是寻求事情的“共同处”，找出事物的“平衡点”，画出事物的“交集”，其过程是“疏通”，其结果是“融洽”。作为孩子的第一老师，和谐地与孩子沟通至关重要。

1. 了解是沟通的前提

孩子与家长出现沟通危机，不怪孩子，主要还是家长造成的，为什么孩子懂的家长不懂？为什么孩子关心的事，家长就不关心呢？这是因为我们不了解孩子，不知道孩子想什么、关注什么和需要什么。没有进入孩子的内心世界，又谈何沟通呢？

此外，当我们和孩子沟通时，还要了解孩子当时的情绪状况。

孩子和大人一样，情绪好时比较容易接受不同的意见，不高兴时则容易逆反，因而跟孩子讲理，要充分了解孩子的情绪状况，在其情绪较好时，对其进行教育，若在孩子情绪低落时跟他说理，是难以奏效的。

2. 平等是沟通的关键

为人父母者往往仗着“闻道”早于孩童辈，就不知、不愿、不肯、不屑去认同孩子，就以成人的眼光、成人的标准去“箍”、去“套”、去约束孩子的小脑袋、小世界。他们总是难以忘记自己“教育者”的角色，以至于和孩子沟通时总是难以保持平等，“你要”“你应该”“你不能”等词语常常挂在嘴边，孩子自然渐渐失去了与家长沟通的愿望。

因此在和孩子沟通时，要讲究技巧，和孩子平等沟通。我们是与孩子谈话而不是训话，如果总是板着面孔，居高临下，就很难和孩子交知心朋友，孩子不是不愿谈，就是说假话。这就要求家长和孩子谈话时，要以孩子的心态和孩子能理解的语言进行，要蹲下身来和孩子沟通，让孩子觉得你是他的朋友和伙伴，这样沟通才会水到渠成。

3. 倾听是沟通的良方

一定年龄以上的孩子都有了一定的主见，已经不愿意再当被训导的角色，他们思想活跃，希望有个细诉衷肠的对象。这时的家长应该改变原来的教育方法，努力创造一种“聆听的气氛”。最好的办法是家长经常抽空陪伴孩子，并且当一个好听众。

只有倾听孩子的心里话，才能更好地与孩子沟通。孩子向你